村越英裕
Eiyu Murakoshi

よむ・みる・すわる はじめての禅宗入門

大法輪閣

目　次

●はじめに　うちのお寺は何宗なの？……5

第1章　お釈迦さまの物語パート1……9
―お釈迦さまの誕生　生まれてすぐに七歩歩かれたお釈迦さま／「釈迦」とは「釈迦一族」の名前です／花まつりにお参りしましょう

第2章　禅宗はじめて物語……19
―禅宗のはじまりは以心伝心　肝心かなめの教えは文字や言葉では伝わりません／だるまさんからはじまった中国の禅／日本の禅宗のはじまり／臨済宗の実質的なはじまり

●補習授業その1　インスタント日本仏教の歴史……33

●補習授業その2　禅宗なぜなに質問箱……43

第3章　お釈迦さまの物語パート2……55
―出家するお釈迦さま　妻子を捨てての家出出家／なぜ、世の中は苦しみで満ちているのか

第4章　ぼくの僧堂物語パート1……63
―禅宗といえば修行道場　ぼくが出家したわけ／元祖エコ生活が修行道場です／修行道場の一日／托鉢は乞食行です／作務の心得
―臨済宗の秘密「公案」　犬に仏心はあるのかないのか／何がゆれているか？／公案の補足／蚊に刺されない方法

第5章　お釈迦さまの物語パート3 …… 97
―修行に苦労したお釈迦さま　悟りをめざして／魔王の娘たちの誘惑／いのちがけの臘八大摂心

第6章　ぼくの僧堂物語パート2 …… 109
―典座は男の修行場です　当然、精進料理です／食べることも修行です／台所もりっぱな修行道場です／食材は「もらう・拾う・ただ」で調達します／エピソード1　かまに習え／エピソード2　世界で一番の大ご馳走／エピソード3　梅の実の往生／精進料理の心得
―僧堂のエピソード集　エピソード4　リバテープの少女　エピソード5　ウジ虫が光っている　エピソード6　今すぐやるんじゃ！　エピソード7　ゼングリッシュ　エピソード8　南無大菩薩の秘密

●修行道場こぼれ話つき用語辞典 …… 157
建物に関する言葉／老師に関する言葉／悟りに関する言葉／修行僧に関する言葉／僧堂入門に関する言葉／雲水の持物に関する言葉／雲水の役職に関する言葉／坐禅に関する言葉／托鉢に関する言葉／鳴らし物に関する言葉／雲水の生活に関する言葉／お経に関する言葉／修行道場の仏さま／お茶に関する言葉／食事に関する言葉

●ブレイクタイム　禅宗を知る言葉探しの問題 …… 178

第7章　現代ザゼン道場 …… 191
―テーマその1　坐る　おうち坐禅をしましょう／おうち坐禅をはじめる前に／精神をリラックスさせるひと呼吸／おうち坐禅別バージョン／「おそと坐禅」もあります／坐禅のポイントは呼吸法／坐禅をして見える仏の姿とは
―テーマその2　観る　『般若心経』を読んでみましょう
―テーマその2（つづき）　観る　『般若心経』のパワー／公案との関係／人生八つの赤信号「四苦八苦」の解決方法／悟りの目で観たこの世の世界／功徳がいっぱいのお経
―テーマその3　工夫―精進料理教室　食事をいただくための三つのポイント／作ってみましょう精進料理／続・梅の実の往生料理／春はタケノコの若たけ煮／夏なのに冬瓜／秋は一手間かけて栗料理／冬は「和をもって貴し」のナベ物／食事のいのちは自分のいのちと同じです

第8章　お釈迦さまの物語パート4 …… 253
―お釈迦さまのお葬式から生まれた葬送儀礼　シュッドーダナ王の葬儀

第9章　臨済宗のお葬式と結婚式 …… 269
―お葬式の話　死後、みなさんはお坊さんになってもらいます／みなさんを悟りの世界へ導きます／「かーつ」と叫ぶのが臨済宗です／戒名の意味／涅槃図の声を聞きましょう
―仏前結婚式はいかがですか　戒を授ける結婚式／指輪の交換もあります

●あとがき2つ …… 296

イラスト…村越 英裕
装丁…福田 和雄（FUKUDA DESIGN）

はじめに

うちのお寺は何宗なの？

ちなみにぼくは禅宗（臨済宗《りんざいしゅう》）のお寺の住職をしているのですが、法事の後など時々、檀家さんから次のような質問を受けます。

とても多い質問その1。

「うちのお寺は何宗ですか？」

うわーっ、まいったなあ。

住職としては恥ずかしい限りですね。日頃の教化活動の怠慢が露見してしまいました。

「禅宗です」

「なんだ臨済宗じゃあないの？　お寺のマッチにはそう書いてあるけど」

「ええ、そうですけど。禅宗には臨済宗と曹洞宗《そうとうしゅう》、黄檗宗《おうばくしゅう》の三つありましてね、その中の臨済宗です」

一年に数個は手にするお寺のマッチには臨済宗と書いてはありますが、禅宗とは書いていないためです。

それから、これに似たような会話もありました。

「和尚さん」

「はい」

「うちの宗派は臨済宗ですよね」

「そうです」

「なんだ、禅宗じゃあないんだ」

「……」

続いて第2問。

「それで、臨済宗は何て唱《とな》えればいいのですか」

うーん、これは非常に難しい質問です。

「特別にお唱えする称号《しょうごう》はありません」

こう答えると多くの檀家さんはキツネにつままれたような顔になります。

「そんなあ、困った時なんかどうすればいいのですか」

「じっと坐禅です」

「だめだめ、和尚さん。足が痛くなって、ついでに頭も痛くなるから。ほらー、南無阿弥陀仏《なむあみだぶつ》とか、南無妙法蓮華経《なむみょうほうれんげきょう》とかなんとかないの？」

「まあ、あえて唱えるのでしたら南無釈迦牟尼仏《なむしゃかむにぶつ》です」

「あるじゃないの。早くいってよ」

本当は唱える言葉も手を合わせる仏像もないのですがねえ。

「〝なむしゃかむにぶつ〟？　すみません、紙に漢字とふりがなを書いてください」

こんな具合です。

おっと、こんなこともありました。第3問。

「仏壇の本尊さまってなんですか？」

「お釈迦さま、釈迦如来《にょらい》です」

「そうなんだ。それで、観音さまには手を合わせてもかまわない？」

「いいです」

「お不動さまは」

「いいです」

「阿弥陀さまは」

「いいです」

「それって、結構、いい加減じゃあないの？」

「いえ、ご縁のある仏さますべてに手を合わせるのが禅宗です」


こんな具合です。これはまずい。

確かに、ぼくが檀家さん全員に菩提寺の宗派のこと、教えについてきちんと伝えていなかったことは事実です。

一方で、書店で仏教書のコーナーが年々、狭くなるとはいうものの、禅に関する本は山と出版されています。しかし、それなりに難しく、決して、檀家さんが読んですぐにわかる内容とはいえません。

そこで、檀家さんの目線に立って、あるいは、ごく一般のサラリーマン、ＯＬ、さらには大学生、高校生が読んでわかる禅のお話を語ってみたいと思います。

読んで、見て、「わかりやすく、たのしく、おもしろく」をテーマにしましょう。

しばらくの間、おつきあいください。

第1章

お釈迦さまの物語パート1

誕生仏

お釈迦さまの誕生

生まれてすぐに七歩歩かれたお釈迦さま

実は何をどこからお話してよいのか迷っています。とかく書き出しの数ページは本の売り上げに大きく影響するからです。

「インパクトがあるなあ」

「おやっ、おもしろそうだな」

ここがベストセラーになるかならないかの境目です。うーん、まあ、仏教書だし、作者はマイナーですから、いいか、あきらめて、禅宗のはじまりにしましょう。それには当然、仏教のはじまり、お釈迦さまの誕生から出発しなければいけませんね。

「オギャー、オギャー」

と産声《うぶごえ》をあげてお釈迦さまはお生まれになりました。

「産湯に産着！」

もう、まわりはてんてこまいの大騒ぎ。

「男の子、女の子？」

両親も第一報を待っています。

とまあ、お釈迦さまもぼくたちと同じように生まれたはずです。しかし、仏典ではそのような記述は残されていません。古今東西、偉人には伝説がつきものですから、お釈迦さまも次のような劇的な誕生日をおむかえになりました。


今から、およそ二千五百年前のインドでのことです。それは四月八日のこと。ここはルンビニーの池のほとりです。朝、美しい鳥が鳴いています。空には黄金の雲、七色に輝く雲が浮かび、地上には白、赤、黄、紫、金色など色鮮やかな草花が咲いています。

カピラ国の王シュッドーダナの后《きさき》であるマーヤー夫人《ぶにん》は産気を感じ、無憂樹《むゆうじゅ》という木に手を伸ばし、その枝にすがりました。そのはずみに夫人の右わきから、かわいい太子さまがお生まれになりました。

雄の象と雌の象が現れ、暖かな水と冷たい水で太子さまを洗ってあげると、太子さまは黄金に輝きはじめました。

さらに、無憂樹の木の下に七つの蓮の花が咲いたので、蓮の上に太子さまを寝かせました。すると、太子さまはすぐに立ち上がり、東へ七歩、南へ七歩、西へ七歩、北へ七歩歩き、蓮の真ん中にもどり、右手で天を指し、左手で地を指し、美しい声でいわれました。

「すべてのいのちには等しくほとけが宿っています。お互いに大切にしましょう」

「釈迦」とは「釈迦一族」の名前です

仏典によって別の表現がされている箇所もありますが、いくつか補足しましょう。

お釈迦さまがお生まれになったのは紀元前五世紀から六世紀ごろのことで、今からおよそ二千五百年ほど前のことです。諸説ありますが、紀元前四六三年の四月八日だといわれています。なぜ、はっきりとわからないのかというと、当時のインドは年代の認識があいまいだったのです。日本では、おお、縄文《じょうもん》時代の末期か…年代が確定できないのも無理もないですね。

それから、「カレー」イコール「インド」と連想するように、お釈迦さまといえばインドというイメージがありますが、ヒマラヤ山脈の麓、現在のネパール領タラーイ盆地出身です。そして、お釈迦さまはカピラ城の王子さまです。とはいっても大国ではなく、小さな国でコーサラ国の属

国でした。そのカピラ城一帯を領土としていたのが釈迦一族です。ここまでの話を聞いて、

「お釈迦さまって部族の名前なの?」

と気づかれた方はするどいですよ。そうです、お釈迦さまの釈迦は釈迦一族の名前なのです。お釈迦さまのほかには「釈迦牟尼《むに》」「釈迦牟尼世尊《せそん》」「釈尊《しゃくそん》」「仏陀」(ブッダ)などともいいます。ちょっと整理してきましょう。

「釈迦牟尼」の釈迦は「釈迦一族」、牟尼は「聖者」ですから「釈迦一族出身の聖者」です。「釈迦牟尼世尊」の世尊は「世の尊敬を受ける人」のことですから、「世の中の尊敬を受ける釈迦一族出身の聖者」です。「釈尊」は釈迦牟尼世尊の略です。「仏陀」は悟りをひらいた人という意味です。

「では、南無釈迦牟尼仏は?」

そうですね。臨済宗の檀家さんがお唱えするのは南無釈迦牟尼仏でしたね。

「南無」は「帰依する」、「釈迦」「牟尼」は「釈迦一族の聖者」、「仏」は「悟りをひらいたお方」です。言葉として分解すると「釈迦一族の聖者、悟りをひらいた方に帰依する」となりますが、「お釈迦さまを敬います」という意味ですね。無条件で合掌をささげ、心身すべてをささげます、という気持ちが南無釈迦牟尼仏に込められています。

お釈迦さまという名前は固有名詞ではなかったのですね。ちなみに幼少名を「ゴータマ・シッダールタ」といいます。「ゴータマ」は「聖なる牛」、「シッダールタ」は釈迦一族の名前で「目的を達成する者」という意味があります。

そして、生まれて七歩歩いたとあります。なぜ、七歩なのかといいますと、地獄界、餓鬼界、畜生界、阿修羅界《あしゅらかい》、人間界、天上界の六つの迷いの世界を一歩脱し、悟りをひらいたことを意味するといわれています。

さらに、「天上天下唯我独尊《てんじょうてんげゆいがどくそん》」と宣言されました。直訳すると「この世で私が一番優れている」となりますが、そうではなく、「私もあなたもかけがいのない〝いのち〟を持っているのですよ」ということです。

花まつりにお参りしましょう

さて、ここで話は一度、横道にそれます。

キリストの誕生日クリスマスがあるように、仏教もお釈迦さまの誕生日をお祝いします。昔は仏生会《ぶっしょうえ》、降誕会《ごうたんえ》、潅仏会《かんぶつえ》などといい、聖徳太子《しょうとくたいし》の時代、六〇六年（推古天皇十四年）にはじまったといわれています。現在のように花まつりとよぶようになったのは明治以降のことです。

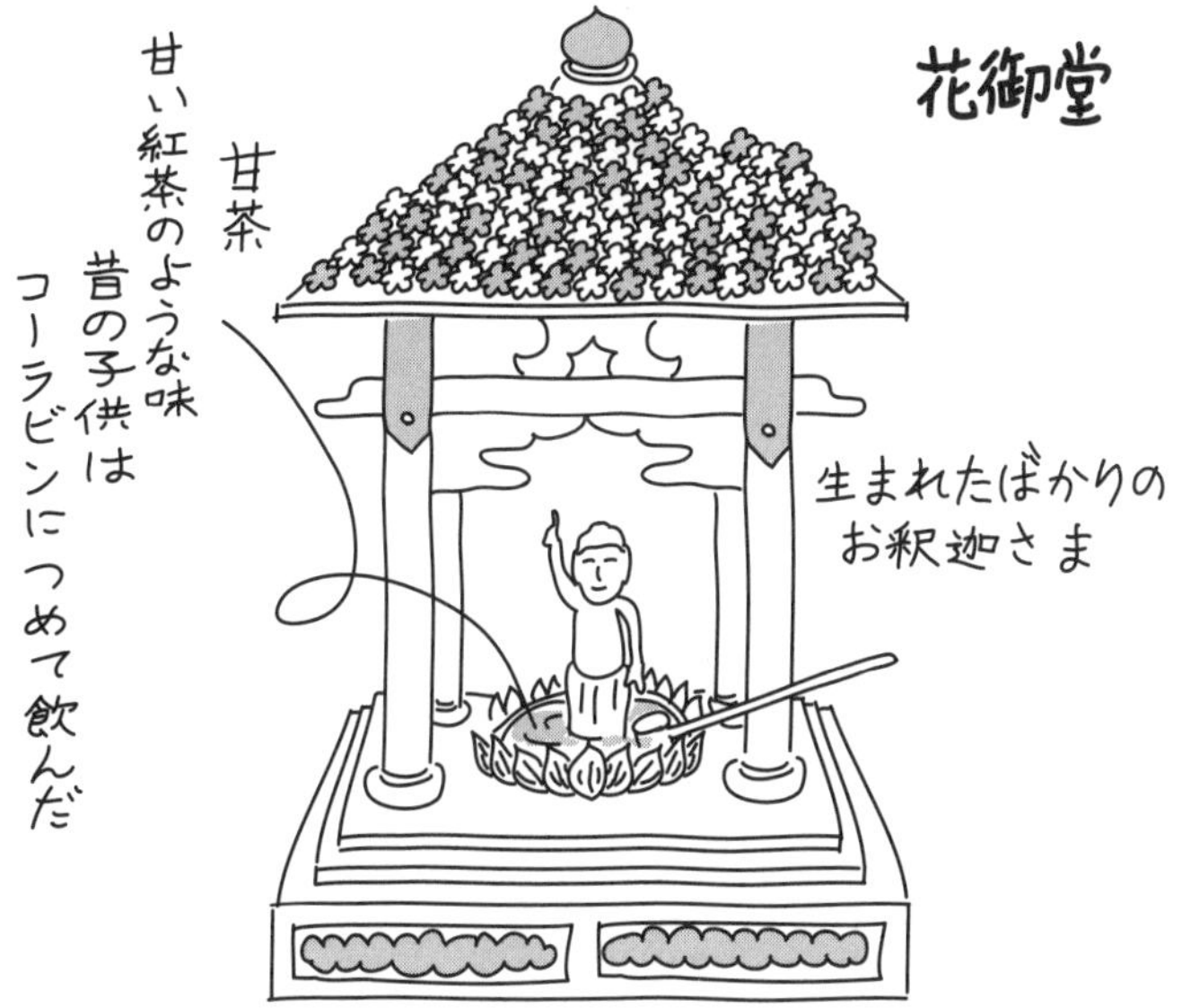
花御堂
甘茶
甘い紅茶のような味
昔の子供はコーラビンにつめて飲んだ
生まれたばかりのお釈迦さま

クリスマスよりずっとずっと歴史があるのにテレビや新聞には当日しか紹介されないのは残念。うーん、しかしなあ、シンボルとなるクリスマスツリーにクリスマスソング、これだけでも勝てないのに、七面鳥にシャンパン、さらにだめ押しは子供と女性が泣いて喜ぶクリスマスプレゼントとくれば勝負にならないな。

「クリスマスを一緒に過ごさないか」と彼女に声をかけることはあっても、「花まつりに一緒にお参りしない」と誘ったら、「何それっ?」と確実にお断りされてしまいますよ。

しかし、花まつりにだってバースデーグッズがないわけではないんですよ。花御堂《はなみどう》、誕生仏、甘茶《あまちゃ》が花まつりの三点セットです。花御堂は屋根を色とりどりの花で飾った小さな御堂です。お釈迦さまがお生まれになったルンビニーの花園をイメージしたものだといわれています。象の上に花御堂が乗っている豪華なものもあります。

花御堂の中心には誕生仏が安置されています。誕生仏とは生まれてすぐに七歩いて、右手で天を指し、左手で地を指し、「天上天下唯我独尊」といわれたお姿をかたどった仏像です。

甘茶は誕生仏の頭に注ぎます。お釈迦さまの誕生を祝って、龍王が空から甘露《かんろ》の雨を降らせたという伝説によるものだといわれています。

この甘茶はかつて、子供の楽しみな飲み物でした。今では年配の人はありがたく、なつかしく飲みますが、今どきの子供にはうけないか。紅茶を甘くしたような味なんですけどね。

原料は甘茶（ユキノシタ科）、またはアマチャヅル（ウリ科）を用います。自分で作ることもできますが、漢方薬局で手に入ります。何と砂糖の千倍の甘さがあります。このため、甘味料として糖尿病患者の砂糖代わりやハミガキの甘味、しょう油の味つけなど、意外な所で用いられています。

まあ、ご先祖さまのお墓参りに行くのと同様、四月八日のお釈迦さまの誕生日、花まつりにはぜひ、手を合わせてください。

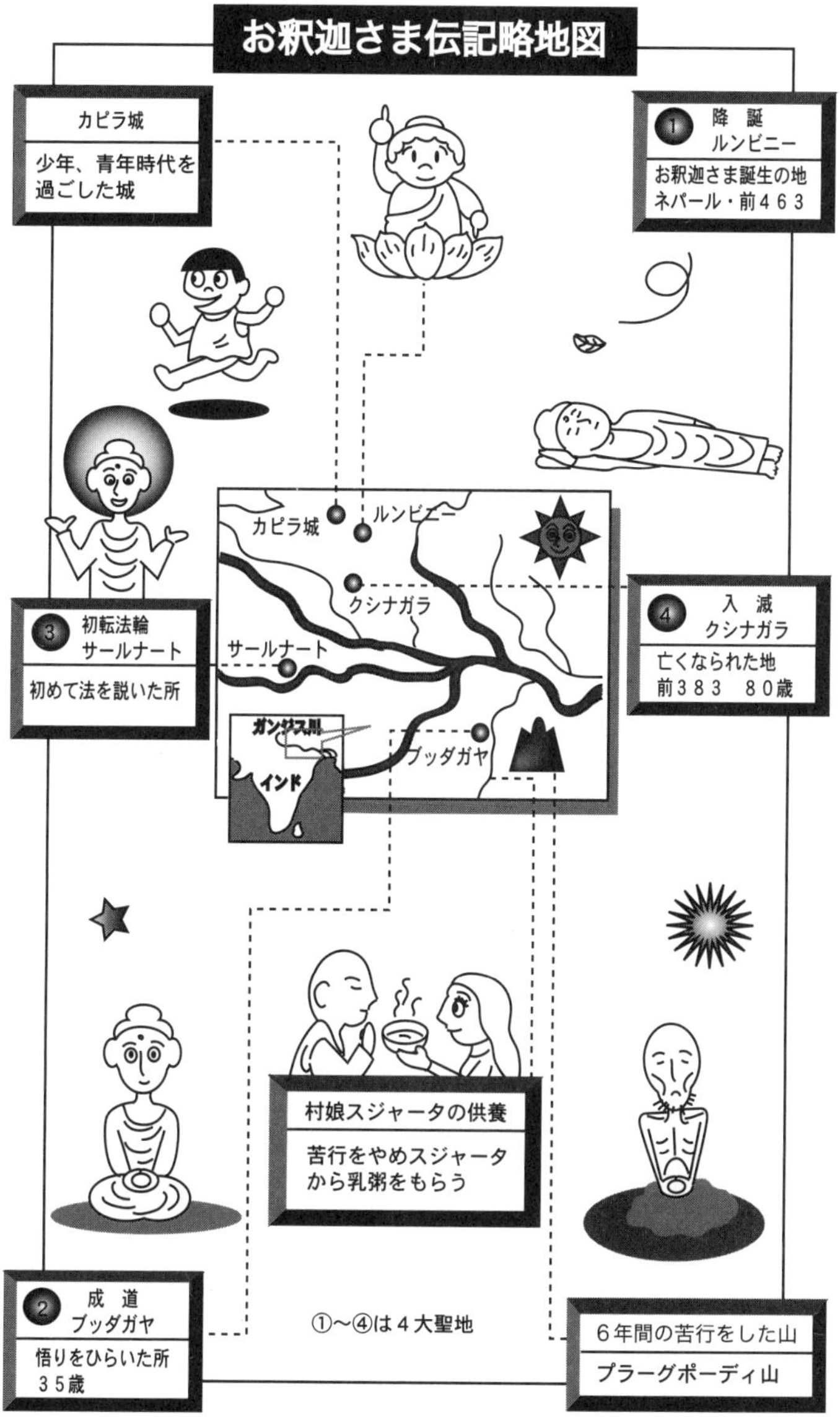
お釈迦さま伝記略地図
カピラ城
少年、青年時代を過ごした城
① 降誕 ルンビニー
お釈迦さま誕生の地
ネパール・前463
カピラ城
ルンビニー
クシナガラ
サールナート
ガンジス川
インド
ブッダガヤ
③ 初転法輪 サールナート
初めて法を説いた所
④ 入滅 クシナガラ
亡くなられた地
前383　80歳
村娘スジャータの供養
苦行をやめスジャータから乳粥をもらう
② 成道 ブッダガヤ
悟りをひらいた所
35歳
①～④は4大聖地
6年間の苦行をした山
プラーグポーディ山

さて、ちょっと、寄り道が長すぎましたね。しかし、この先も所々でお釈迦さまの伝記や現代との関わりなどについて触れていきましょう。この先、禅宗のはじまりについて話を進めますので、とりあえず、お釈迦さまの伝記は次の2行で終了しておきます。

カピラ城の王子としてお生まれになったお釈迦さまは何不自由なく育ち、妻子にもめぐまれるのですが、すべての苦しみを救う方法を求め出家し、坐禅をして悟りをひらきます。

前のページの簡単な地図も見ておいて下さい。経費節約のため自分で書いてしまいました。

第2章

禅宗はじめて物語

世尊拈華

禅宗のはじまりは以心伝心

肝心《かんじん》かなめの教えは文字や言葉では伝わりません

お釈迦さまは坐禅をして悟りをひらきました。そして、多くの人に教えをひろめます。これが仏教です。仏教はのちにさまざまな宗派となって今日に伝えられます。日本には天台宗《てんだいしゅう》や真言宗《しんごんしゅう》、浄土系《じょうど》、禅宗系、日蓮系《にちれん》などの宗派がありますが、すべてお釈迦さまとつながっています。

禅宗もお釈迦さまとつながっています。キーワードは「お釈迦さまが坐禅をして悟りをひらいた」歴史的事実です。したがって、簡単な表現をするならば「お釈迦さまと同じように坐禅をして悟りをひらくのが禅宗」です。

では、「お釈迦さまが坐禅をして悟りをひらいたのが禅宗なのか」というと、そうではありません。禅宗という名前は後世になってつけられた名称です。それから、もうひとつ触れておきましょう。坐禅はお釈迦さまのオリジナルの修行方法ではありません。すでにインドで行われていた修行法のひとつです。また、悟りもお釈迦さまが創造したものでもありません。悟りの世界に最初に気づかれたのがお釈迦さまなのです。

と、前置きして、お釈迦さまから、今日の禅宗はどのようにして伝わってきたのかにポイントをしぼってみましょう。禅宗のルーツとなる「坐禅をして悟りをひらく教え」はどのようにして現在にまで伝わってきたのでしょうか。次のような話が残っています。

ある日の霊鷲山《りょうじゅせん》、お釈迦さまが説法の座につきました。多くの修行僧たちが、お釈迦さまのお話を今か今かと待っています。

「チュン、チュン、チュン…」

小鳥も集まってきました。ウサギ、リス、鹿などの動物も集合しています。しかし、先ほどからお釈迦さまは、じっと黙ったまま、ひとことも言葉を発しません。

「どうされたのだろう」

「おからだの具合でも悪いのだろうか」

「いやいや、何を話そうか迷っておられるのだろう」

修行僧たちのヒソヒソ声が聞こえてきました。と、その時、お釈迦さまは手にしていた一輪の花を、ちょっとひねってみせました。すると、

「あっ」

弟子の迦葉《かしょう》がハッと驚き、そして微笑んだのです。

この様子を見てとったお釈迦さまは迦葉と視線を合わせます。ここでお釈迦さまははじめて口をひらきます。

「目に見えない悟りの世界をたった今、迦葉に伝えた」

お釈迦さまと迦葉だけが微笑んでいます。ほかの者はポカンとしたままです。

このお釈迦さまの言葉は経典などでは、

「吾《われ》に正法眼蔵《しょうぼうげんぞう》、涅槃妙心《ねはんみょうしん》、実相無相《じっそうむそう》、微妙《みみょう》の法門あり。不立文字《ふりゅうもんじ》、教外別伝《きょうげべつでん》によって迦葉に伝授した」

とあります。教えの本質は文字や言葉で伝わるのではなく、目に見えない大切なところは心から心へと直接伝授されていくものなのです。

後ほど補習の章で紹介しますが、日本仏教の各宗派は「修行」「教え」「経典」の三点によって伝えられてきました。当然、禅宗にも「修行」「教え」「経典」はありますが、これら文字や言葉では伝えきれない教えの核心部分は師匠から弟子へと以心伝心《いしんでんしん》で伝えられていきます。

悟りの内容は文字で説明することはできません。このため師は言葉以外のさまざまな方法で伝えようとします。

お釈迦さまはチョイと花をひねってみせたのです。この仕草によって迦葉は無言のままお釈迦さまの教えをマスターしたのです。

そして、この教えは清らかな水を器から器へと移すように伝えられていきます。

だるまさんからはじまった中国の禅

仏教はお釈迦さまにはじまり、その後、インドから中国、さらに朝鮮半島をへて日本に伝わります。禅の教えも同様のルートをへて、まず、中国へ伝わります。

「だるまさん、だるまさん、にらめっこしましょ…」

で親しまれているだるまさんが、はじめて禅をインドから中国へ伝えた人物、達磨《だるま》(?～五三〇)です。お釈迦さまから二十八代目にあたります。五世紀のころ中国にやってきたといわれています。達磨は仏教に深く帰依していた梁《りょう》の武帝《ぶてい》と面会し、次のような会話をしたといわれています。

達磨は高僧であるとの噂を耳にしていた武帝は期待を込めて質問しました。

「お付きの人は？」

「おりません。私ひとりで来ました」

「そうか、それでは経典はお持ちか？」

「ありません」

武帝は驚きました。

「手ぶらなのはまあいいとしよう。では聞こう。私は即位して以来、この国に数多くの寺院を造り、経文を写し、僧を大切にしてきた。この私にどの様な功徳《くどく》がありますかな？」

「無功徳《むくどく》」

「やれやれ、功徳のない教えを説くお前さんは何者だ」

「不識《ふしき》」

二人の間に沈黙があり、達磨は一礼してその場を去っていきました。


不識とは「これ以上、説いても無駄」という意味です。わかりやすくいえば武帝は仏教を信じれば願いがかなうと思っていたのです。仏教を大切に保護すれば武帝の権力が長続きし、国は戦《いくさ》に勝つなどのご利益《りやく》があると考えていたのでしょう。

こうした考え方に達磨はノーといったのです。禅は「あれがしたい」「これがしたい」という願いがかなう教えではありません。そのように思う者は何者であるのかをはっきりと自覚する教えです。

達磨は武帝に教えを説くことをやめてしまいました。無駄ですものね。そして、達磨は揚子江《ようすこう》を渡って魏《ぎ》の国へ行きます。

突然ですがここでクエスチョンです。達磨は楊子江を小舟に乗って行くのですが、葦《あし》の葉一枚に乗って渡るという伝説があります。この伝説から命名した日本の作家は誰でしょう。

ヒントは葉が一枚です。一枚の葉。

そうです、樋口一葉《ひぐちいちよう》です。樋口一葉（一八七二〜一八九六）は「たけくらべ」や「十三夜」「にごりえ」などで有名な明治を代表する女流作家です。

突然の質問で失礼しました。話を達磨にもどしましょう。達磨はその後、嵩山《すうざん》の少林寺で坐禅をします。この時の様子が面壁《めんぺき》九年として伝えられています。

面壁九年は「坐禅を九年間して悟りをひらく」ことではありません。すでに、達磨は悟りをひらいていたのですから、「心が微動だにもしない坐禅」「不動の坐禅」を壁にたとえた言葉です。

そして、達磨が少林寺で坐禅をしていた時のことです。

雪、また、雪。そこへ神光《じんこう》という僧侶がやってきました。

「どうか弟子にしてください」

丁寧に頭を下げました。ところが、達磨は振り向きもせず坐禅をしたままです。神光は黙って坐りました。雪だけがしんしんと降り続き、明け方になると神光の腰を越えてしまいました。ここで、達磨は初めて声をかけました。

「なにか用か」

「どうか弟子にしてください」

しかし、達磨も何も答えようとしません。すると神光は、

「えいっ！」

隠し持っていた刀で自分の臂《ひじ》を斬《き》り、達磨の前に差し出したのでした。この、禅のために命を惜しまない神光の決意に達磨は入門を許し、慧可《えか》と名前を与えました。

このときの故事は今でも禅宗の修行道場に受け継がれています。修行道場では入門をする時、「修行にきました」「そうですか。はいどうぞ」とはいきません。数日間、入門は許可されません。

臨済宗の場合は玄関先で座り込み（庭詰《にわづめ》）や、個室での坐禅（旦過詰《たんがづめ》）がおよそ一週間ありま す。本当にやる気があるかどうかを試されるのです。

テレビドラマなどでどこかの師匠に入門する時によく坐り込みをするシーンがありますが、元祖座り込みは禅宗なのです。

ちなみに慧可が臂を斬り、達磨に差し出したシーンを描いたのが有名な雪舟《せっしゅう》（一四二〇〜一五〇六？）の「慧可断臂図《えかだんぴず》」です。

庭詰、旦過詰の話は修行道場の話で再登場するとして、再び、達磨と慧可のエピソードです。

ある日、慧可は達磨に尋ねました。

「私の心は不安で仕方がありません。どうか安心する方法を伝授してください」

すると、達磨は次のように答えました。

「不安だという心そのものをここへ持ってきなさい。安心させてあげよう」

数日間、慧可は坐禅に没頭します。そして、再び達磨と問答をします。

「不安という心を探し求めてみましたが、どこにも見つけることはできませんでした」

すると、達磨は、

「それを聞いて安心した。ないものはないのだ。これで、おまえの心も安心したであろう」

と答えたのでした。この瞬間、慧可はハッと気づき悟りをひらきます。達磨は法を継いだことを証明しました。これが印可《いんか》のはじまりです。

中国の唐の時代になると黄檗宗《おうばくしゅう》の名前となった黄檗（八五六年没?）、臨済宗の名前となった臨済《りんざい》（八六七年没）、曹洞宗の祖である洞山《とうざん》（八六九年没）が活躍します。さらに、いくつかの派に分かれながら、中国の禅宗は唐の次、宋《そう》の時代に最盛期を迎えます。

日本の禅宗のはじまり

はじめて日本に禅宗を伝えた僧侶は誰でしょう。答えは栄西《えいさい》（一一四一～一二一五）です。

栄西は備中国《びっちゅうのくに》（岡山県）吉備津《きびつ》神社の加陽《かや》氏の出身で、神官の息子でした。十四歳で比叡山《ひえいざん》で出家し、天台宗《てんだいしゅう》を学びます。しかし、世の中は源平合戦で乱れ、疫病や飢餓《きが》が蔓延《まんえん》しています。また、個人的には師匠に先立たれることもあり、栄西は、

「この無常の世界から救われたい」

と考え、修行に励みます。しかし、修行すればする程、

「すでに日本に伝えられた経典だけを学んでいてはだめだ」

と疑問を持ちます。

「中国に渡り、今の仏教を学ぼう」

「最澄《さいちょう》や空海《くうかい》のように中国へ行くしかない」

と考えるようになります。

当時、中国に留学しようと志す僧侶はいませんでした。実質、栄西が百五十年ぶりです。一一六八年四月、決死の覚悟をした栄西（二十八歳）は宋に入国し、天台山万年寺《まんねんじ》、阿育王山《あいくおうさん》で禅宗を修行し、同年九月、帰朝します。

四十七歳になった栄西は一一八七年、再び宋へ渡ります。お釈迦さまの教えの根源を探求するためのインド行きに燃えたからでした。治安の悪さから実現しませんでしたが、天台山万年寺で

虚庵懐敞《きあんえしょう》に臨済禅を修行します。そして、法を継ぎ、印可を受けます。

帰国し、建仁二年（一二〇二）、栄西は鎌倉幕府の庇護《ひご》のもと京都に建仁寺《けんにんじ》をひらきます。建仁寺は現在、臨済宗の本山のひとつですが、当時は天台・真言・禅の三宗兼学道場でした。禅宗に対する旧仏教寺院の圧力があったため、栄西は最澄のひらいた天台宗を再興するという立場をとったのでした。また、お茶を宋より伝え、普及させたのも栄西です。

「そして、栄西の教えは現在の臨済宗として伝えられました」

と思うでしょう。実は違うんですね。栄西の直系の教えはその後、途絶えてしまいます。開祖の教えと直結していないのが臨済宗です。ここが、他の日本にある宗派と大きく違うところです。

臨済宗の実質的なはじまり

では、今の臨済宗はどうなっているのでしょう。結論からいいましょう。現在の臨済宗は江戸時代、静岡県沼津《ぬまづ》市の原《はら》で生まれた白隠《はくいん》（一六八五～一七六七）の法系がすべてです。臨済宗は栄西以外にも中国からの渡来僧などによる別の法系が伝えられていました。しかし、結果、白隠の教えのみが伝えられているのです。

臨済宗は鎌倉時代に栄西らによって日本に伝えられ、江戸時代、白隠によって再出発した宗派

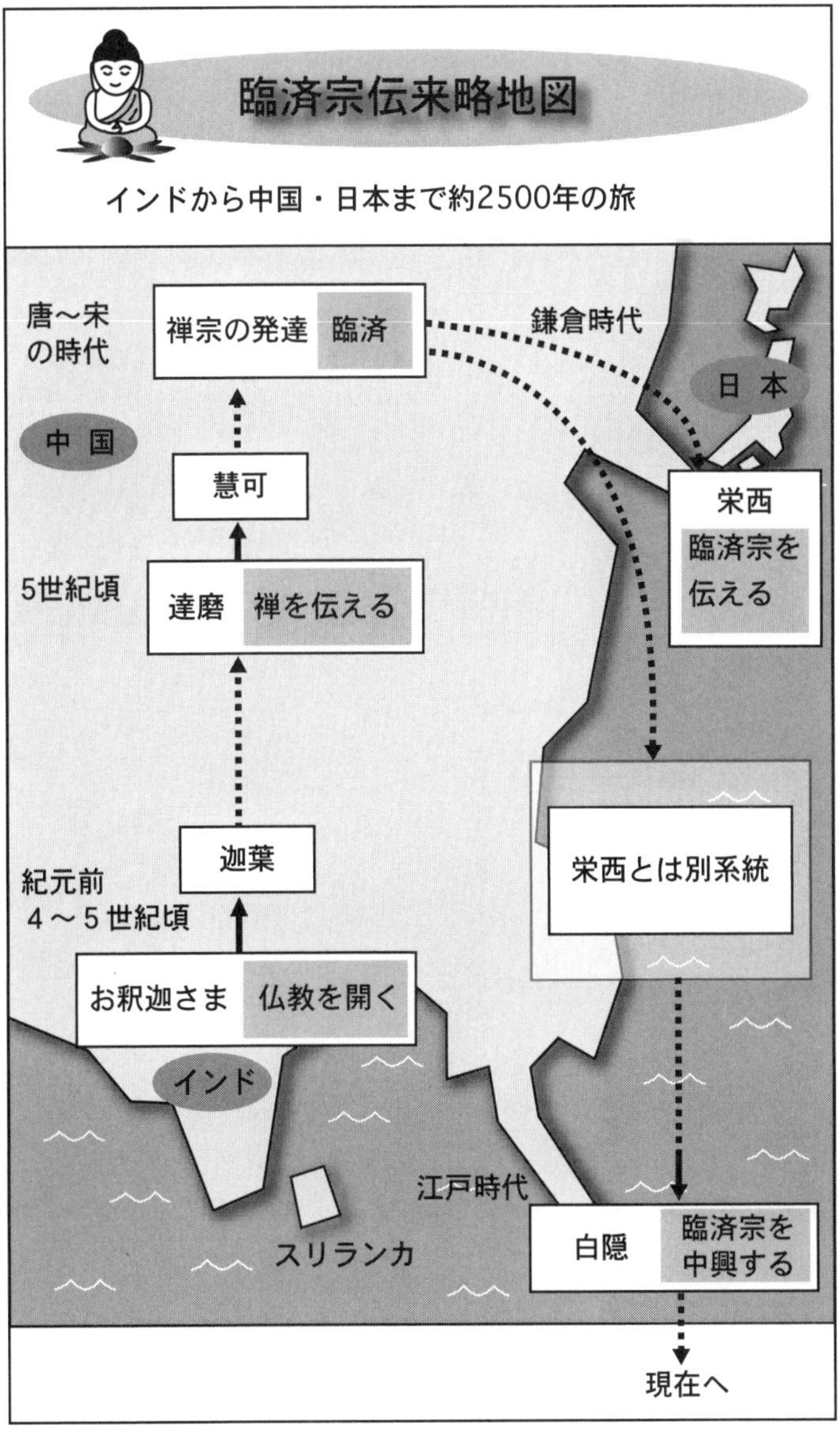
臨済宗伝来略地図
インドから中国・日本まで約2500年の旅
唐～宋の時代
禅宗の発達 臨済
鎌倉時代
日本
中国
慧可
栄西 臨済宗を伝える
5世紀頃
達磨 禅を伝える
栄西とは別系統
迦葉
紀元前 4～5世紀頃
お釈迦さま 仏教を開く
インド
江戸時代
スリランカ
白隠 臨済宗を中興する
現在へ

といえます。白隠は禅の教えの日本化を完成させました。臨済禅の特徴である公案《こうあん》（師匠が弟子を悟りに導く禅の問題集）の体系化、現在の僧堂の形態を創案するなど、臨済禅を近代化し、さらに、大名、武士、町民にいたるまで、個々に応じた教えを説き、禅の大衆化にも努めました。

数多くの著作や書画を残し、

駿河《するが》には過ぎたるものが二つある。
富士のお山に原の白隠。

とまで歌われました。

以上、とり急ぎお釈迦さま、達磨、臨済、栄西、白隠と教えの流れを整理してみました。

補習授業その1

インスタント日本仏教の歴史

臨済

突然ですが、ここで補習授業です。

「えー！　テストもやっていないのにどういうこと」

まあまあ、怒らないで。ぼくも高校の時に英語の補習授業を受けたことがあります。居残《いのこ》りは気持のいいものではありませんね。ここでの補習は、他宗派との関係や歴史などを補うものです。仏教は禅宗だけではありません。その辺を簡単にお話しましょう。眠くなったら飛ばして先に進んでください。

最初に現在の日本の宗派の様子を簡単に紹介します。

日本仏教には十三宗あります

現在、日本の宗教は神道・仏教・キリスト教・諸教に分類されています。この中で仏教には法律上、登録されている宗派は約一六〇あります。寺院数はおよそ七万七千ヵ寺、信者数は約六千万人です。ところがすべての宗教の信者の総合計は二億一千万人です。この中で神道系の信者数が一億人ですから、ま、ほとんどの人は複数の宗教の信者ということになりますね。

さて、日本仏教の宗派は歴史的に整理すると十三宗あります。もちろんそのルーツはすべてお釈迦さまの教えです。リストをあげてみましょう。番号は成立順です。宗派名の次の（　）は宗派をひらいた僧侶の名前です。

（奈良時代の南都六宗《なんとろくしゅう》より継承された宗派）

①法相宗《ほっそうしゅう》・②華厳宗《けごんしゅう》・③律宗《りっしゅう》

（平安時代の仏教）

④天台宗《てんだいしゅう》（最澄《さいちょう》）・⑤真言宗《しんごんしゅう》（空海《くうかい》）

（浄土系の宗派）

⑥融通念仏宗《ゆうづうねんぶつしゅう》（良忍《りょうにん》）・⑦浄土宗《じょうどしゅう》（法然《ほうねん》）

⑨浄土真宗《じょうどしんしゅう》（親鸞《しんらん》）・⑫時宗《じしゅう》（一遍《いっぺん》）

（禅宗系）

⑧臨済宗《りんざいしゅう》（栄西《えいさい》）⑩曹洞宗《そうとうしゅう》（道元《どうげん》）
⑬黄檗宗《おうばくしゅう》（隠元《いんげん》）

（日蓮系）
⑪日蓮宗《にちれんしゅう》（日蓮《にちれん》）

とりあえず、出そろったところで、お釈迦さまの時代へタイムスリップします。これらの宗派がどのような背景から誕生したのか探ってみましょう。

経典なしから出発したインド仏教

仏教はお釈迦さまがさまざまな苦難のすえに悟りをひらき、はじめて教えを説いたことにはじまります。三十五歳で悟ってから八十歳で亡くなられるまで、お釈迦さまは多くの人々に教えを説き続けました。

初期の仏教は出家主義でした。厳しい戒律《かいりつ》（生活ルール）を守り、修行をしていました。お釈迦さまの教えは言葉で伝える口伝でした。しかし、お釈迦さまが亡くなると、

「暗記ではだめだ」

今日に伝わる日本仏教１３宗
奈良仏教系
①法相宗
②華厳宗
③律宗
律宗（鑑真）
⑥融通念仏宗（良忍）
平安時代後期
平安時代の仏教
④天台宗（最澄）
⑤真言宗（空海）

鎌倉新仏教
浄土系
⑧浄土真宗（親鸞）
⑨時宗（一遍）
⑦浄土宗（法然）
禅宗系
⑪曹洞宗（道元）
⑩臨済宗（栄西）
⑬黄檗宗（隠元）
江戸時代
日蓮系
⑫日蓮宗（日蓮）

「やっぱり、教えを文字で残しておかないと、わけがわからなくなってしまうぞ」

ということになり、誕生したのが「経《きょう》」です。今日、僧侶が読んでいるお経、経典のことです。この中で、教団の生活ルール（戒律）について記したものが「律」です。これを「第一結集《けつじゅう》」といいます。それからおよそ百年後、仏教は広範囲に広まっていきます。しかし、時代、場所、環境が変わると今まで通りの教えでは適応できなくなることも発生してきました。

「とにかく、お釈迦さまが説かれた教えの通りにすべきだ」

「そんなことはない。お釈迦さまが生きていれば臨機応変にするはずだ」

第二結集で二つの意見は対立し、とうとう仏教は保守的な「上座部《じょうざぶ》」と進歩的な「大衆部《だいしゅうぶ》」とに分裂してしまいました。これを「根本分裂《こんぽんぶんれつ》」といいます。

その後、四、五百年の間に分裂を繰り返し、最終的には二十ほどに分かれていきます。これら分かれていった仏教を「部派仏教《ぶはぶっきょう》」といいます。

それぞれの部派は経を研究し、解説してまとめました。これを「論」といいます。ここに経・律・論が揃いました。これを三蔵《さんぞう》といいます。三つの籠《かご》の意味で仏教経典の総称のことです。

ほら、三蔵といえば〝三蔵法師〟。三蔵法師といえば『西遊記《さいゆうき》』のモデルとなった玄奘《げんじょう》が思い浮かびますね。経・律・論をマスターした僧侶のことを三蔵法師といいますから、玄奘は三蔵法師の中の一人ということです。三蔵は名前ではありません。

そして、お釈迦さまの時代から数百年後、大乗仏教が誕生します。大乗仏教は出家主義の部派仏教と違い、すべての人の救済を目的としていました。そして、『般若経《はんにゃきょう》』『法華経《ほけきょう》』『華厳経《けごんきょう》』『阿弥陀経《あみだきょう》』『無量寿経《むりょうじゅきょう》』などの経典が成立していきます。

また、『大日経《だいにちきょう》』や『金剛頂経《こんごうちょうきょう》』などの経典も作られ、密教の教えも発達します。この時点で、今日、日本に伝わる十三宗派の原型が出そろったことになります。

このように発達した理由には竜樹《りゅうじゅ》（二世紀ころ）や無著《むじゃく》（四世紀ころ）、世親《せしん》（五世紀ころ）などの高僧の活躍があります。また、仏教は仏教の教えだけで発達していったのではなくヒンドゥー教や土着の文化、習慣、習俗などと融合しながら形成されていきました。

結果、出家主義の中心の上座部仏教はスリランカ・タイ・カンボジア・ラオス・ミャンマーなどの南方地方に広がります。大乗仏教はシルクロードをへてチベット・中国・朝鮮半島、日本など北方地方に伝わります。

経典がどっと押し寄せた中国仏教

インドから中国へ仏教が伝わったのは紀元前後のことだったといわれています。経典は古代のインドの言葉サンスクリット語で書かれていましたから、中国語に訳されていきます。だいたい、次のように成立していったといわれています。

（三世紀頃まで）
・日本で一番人気の『般若心経』（『般若経』）
・浄土教の経典『無量寿経』『阿弥陀経』など
・天台宗や日蓮宗の主要経典『法華経』

（七世紀以降）
・真言宗の経典『大日経』『金剛頂経』など

しかし、「お釈迦さまの言葉をそのまま書き写す」だけではなく、「お釈迦さまの言葉の解読」や「言葉の裏側にある理論」などの解説を加えるようになったため、お経はどんどん増えていきました。

ところが、中国仏教には大きな問題がありました。それはインドでは徐々に経典や宗派が形成されていったのに対して、中国にはそれら莫大な数の経典がドッサリと伝わったことです。このため、どのように整理をし、何をどのように信仰するのか混乱をきたしたこともありました。
たとえばスーパーの中にドッと海の物、山の物などが持ち込まれたようなものです。そのまま積んでおいたのでは訳がわからなくなりますから、とりあえず分類をしますよね。「野菜コーナー」「鮮魚コーナー」「精肉コーナー」などです。このような分類を経典の場合、教相判釈《きょうそうはんじゃく》といいます。中国であみだされた経典の体系づけのことです。

こうして整理整頓がなされると、僧侶によって重要視する経典に相違が出てきます。そして、ピックアップした経典をさらに深く研究することにより宗派が誕生します。

たとえば『華厳経』を研究する華厳宗、『法華経』を基盤とする天台宗、浄土への往生を願う浄土教、大日如来を中心とした教えの密教《みっきょう》、これら宗派は隋《ずい》(6世紀〜7世紀頃)や唐《とう》(7世紀〜10世紀頃)時代を中心に成立しました。そして、唐から宋《そう》(11世紀〜12世紀頃)にかけては、坐禅を中心とする禅宗が栄えます。

と、やっと禅宗にたどりつきました。

仏教伝来──日本仏教のはじまり

日本に公式に仏教が伝えられたのは、五三八年、または五五二年だといわれています。中国経由ではなく朝鮮半島の百済《くだら》からです。

その後も中国文化の一つとして伝えられ、聖徳太子《しょうとくたいし》の登場によって、仏教は国家を守る鎮護国家《ちんごこっか》という役割をはたしました。

奈良時代に伝えられた仏教は奈良（南都）に拠点をおき、南都六宗（三論《さんろん》・成実《じょうじつ》・法相《ほっそう》・倶舎《くしゃ》・華厳《けごん》・律《りつ》）が公認されました。宗派というよりも学問研究所といったところでしょうか。平安時代になると最澄が天台宗、空海が真言宗をひらきます。いずれも中国に渡り、仏教を極め、その後の日本仏教の母体となります。

平安時代の末期から鎌倉時代にかけて、いわゆる鎌倉新仏教が成立します。法然の浄土宗、栄西の臨済宗、親鸞の浄土真宗、道元の曹洞宗、日蓮の日蓮宗です。いずれも最澄のひらいた比叡山で学んだ高僧です。

ここで、やっと、やっと、臨済宗にたどりつきましたね。

もう少し、詳しく知りたい人は『仏教小百科』（鈴木出版・村越英裕／藤堂億斗）を参照してください。いやあ、まいったなあ、ＣＭする気はなかったんですけどね。

補習授業その2

禅宗なぜなに質問箱

引き続き、またまた補習授業です。

「おいっ、またか！」

いやあ、怒らない、怒らない。ここまで、主に臨済宗の歴史や誕生に関してお話してきましたが、この先、修行道場の話になります。その前に、「禅宗」の名前の由来や、本山などのことについて、ちょっとだけ触れておきましょう。ま、適当につまんでもらってもいいですよ。

禅宗の名前の由来とは？

ところで、禅宗とはどのような宗派なのでしょう。ひと言で表現するならば次のようになります。

「坐禅をして悟りをひらく宗派」

中学や高校の試験問題でこのように回答すれば〇《マル》はもらえます。しかし、この定義を禅宗のお坊さんに確かめると、

「いや、違う。坐禅をして悟りをひらくのではない。坐禅は方法ではない」

「禅宗の禅とは禅のことで、坐禅だけを指すのではない」

などと否定的な意見が多数ビシビシと飛んでくることは間違いありません。では、その禅宗の「禅」とはどこからきた言葉なのでしょうか。

古代インドでこの坐禅をして心身を調《ととの》え、煩悩を断ち、悟りをひらく方法を「ディヤーナ」「ジャーナ」といいました。お釈迦さまが悟りをひらいた修行法ですね。この言葉が中国に伝わると中国人は発音を漢字に当て「禅那《ぜんな》」と音写しました。心を集中させて安定させるという意味では「清慮《せいりょ》」「三昧《さんまい》」と同じ言葉でした。「清慮」「三昧」のことを「定《じょう》」ともいうことから「禅《ぜん》定《じょう》」という言葉が生まれたといわれています。

つまり、禅宗の「禅」という言葉は外来語だったのです。うーん、的確な用例が思い浮かびませんが、手術室のことを「オペ室」というようなものでしょうか。

坐禅は禅宗の専売特許ではないのは本当？

「禅宗は平安末期に栄西が宋の国から伝えた」と歴史の教科書には登場します。当然、テストの解答として間違ってはいません。しかし、禅は飛鳥《あすか》時代には法相僧道昭《どうしょう》、奈良時代には大安寺《だいあんじ》道慈《どうじ》によって伝えられていました。平安時代には天台宗をひらいた最澄（八二二年没）も禅を伝えました。天台宗の教えは「円《えん》（天台のこと）・密《みつ》（密教のこと）・禅《ぜん》・戒《かい》（大乗菩薩戒）」の四宗融合《しゅうゆうごう》です。あとになると念仏も取り入れましたので、天台宗は総合仏教といえます。このように禅は伝えられてはいたものの、一つの宗派として確立することも、流行することもありませんでした。

平安末期になって、能忍《のうにん》が興《おこ》した達磨宗《だるましゅう》という禅の一派もありましたが、まもなく途絶えてしまいます。

禅は臨済宗、曹洞宗、黄檗宗だけの専売特許ではなかったのです。

臨済宗の本山はいくつあるの？

多くの檀家さんは自分が属する宗派の本山はひとつだと思っているようです。確かに天台宗は比叡山ひとつですが、他宗派には複数の本山があります。有名なところをひろってみました。

真言宗

高野山真言宗（金剛峯寺《こんごうぶじ》）

真言宗豊山派《ぶざんは》（長谷寺《はせでら》）

真言宗智山派《ちさんは》（智積院《ちしゃくいん》）

浄土宗

知恩院《ちおんいん》（総本山）他、増上寺《ぞうじょうじ》・金戒光明寺《こんかいこうみょうじ》などの七大本山

西山《せいざん》浄土宗（光明寺《こうみょうじ》）

浄土宗西山禅林寺《ぜんりんじ》派（禅林寺《ぜんりんじ》）

浄土宗西山深草《ふかくさ》派（誓願寺《せいがんじ》）

本山紹介はここで終了しますが、ひと口に真言宗、浄土宗といっても複数の本山があるのです。そして、各本山は一つの頂点にあり、ピラミッド状に末寺《まつじ》があります。臨済宗も本山は一つではありません。現在は次の十四派があります。

臨済宗

（京都）南禅寺《なんぜんじ》・天龍寺《てんりゅうじ》・相国寺《しょうこくじ》・建仁寺《けんにんじ》・東福寺《とうふくじ》・妙心寺《みょうしんじ》・大徳寺《だいとくじ》
（鎌倉）建長寺《けんちょうじ》・円覚寺《えんがくじ》
（滋賀）永源寺《えいげんじ》
（広島）仏通寺《ぶっつうじ》
（富山）国泰寺《こくたいじ》
（静岡）方広寺《ほうこうじ》
（山梨）向嶽寺《こうがくじ》

ぼくのお寺は臨済宗妙心寺派です。南禅寺は臨済宗南禅寺派、建長寺は臨済宗建長寺派といいます。これらの本山の集合体が臨済宗です。

「あのね、うちの本山は京都の天龍寺」

「ふーん、うちは鎌倉の円覚寺」

「そーか、宗派が違うんだ」

などという会話を時々、聞きますが、そうではありません。

では、どうして、このような本山の制度があるのでしょうか。これはインドの五精舎《ごしょうじゃ》、中国の宋時代の五山制度を模したなごりです。

精舎とはお釈迦さまが在世のころの修行者のための宿舎のことで、のちの寺院のことです。五大精舎とは次の五つです。

祇園《ぎおん》精舎
霊鷲山《りょうじゅせん》の精舎
獼猴江《みこうこう》の精舎
菴羅寿園《あんらじゅおん》
竹林精舎《ちくりんしょうじゃ》

さて、日本の臨済宗の五山とは、鎌倉五山（建長寺・円覚寺・寿福寺《じゅふくじ》・浄智寺《じょうちじ》・浄妙寺《じょうみょうじ》）、京都五山（南禅寺は別格、天龍寺・相国寺・建仁寺・東福寺・万寿寺《まんじゅじ》）のことです。寺院の格づけですが、現在ではこのランキングは用いていません。

仏教教団最初の寺院である竹林精舎（王舎城《おうしゃじょう》北方の竹林）と祇園精舎（コーサラ国）が二大精舎として有名です。精舎とは禅宗でいえば僧堂のことです。

臨済宗で超有名な寺院といえば？

最澄のひらいた天台宗で有名な寺院といえば「比叡山延暦寺《ひえいざんえんりゃくじ》」です。空海の真言宗では「高野山金剛峯寺《こうやさんこんごうぶじ》」です。

では、禅宗で有名な寺院といえばどこでしょうか。臨済宗十四派の各本山は、修行道場もありますが、観光寺としても有名です。

しかし、それよりも超有名な寺院といえば金閣寺《きんかくじ》と銀閣寺《ぎんかくじ》です。

詳細は省《はぶ》きますが、金閣寺とは鹿苑寺《ろくおんじ》のことで、室町幕府三代将軍の足利義満《あしかがよしみつ》による建立です。一方、銀閣寺は慈照寺《じしょうじ》のことで、八代将軍の足利義政《あしかがよしまさ》が建てた寺院です。両寺院ともに臨済宗相国寺《しょうこくじ》派に属しています。

失礼ないい方かもしれませんが、各本山よりも有名なお寺です。

臨済宗で超有名なお坊さんといえば?

では、臨済宗で有名なお坊さんといえば誰でしょうか。たぶん、次のような結果になりますよ。

1位　とんちの一休さん
2位　沢庵《たくあん》和尚

とんちの一休さんは「このはし（橋）を渡ってはいけない」という立て看板を見て、「橋の真ん中を渡った」などというエピソードやアニメの「一休さん」で有名な室町時代の僧侶です。沢庵和尚は江戸時代初期に活躍し、一説にたくあん漬けの考案者とされています。

3位は難しいですね。あえていうのならインドから中国に禅を伝えた達磨さんでしょう。目玉に墨で丸を書く達磨の人形で有名ですから。

臨済宗にとって重要な禅僧である「日本に臨済宗を伝えた栄西」「中興の祖・白隠」は一般的な知名度からするとベスト3には入ってこないでしょう。不思議な宗派ですね。

黄檗宗《おうばくしゅう》になっていたかもしれない臨済宗

現在の禅宗は臨済宗、曹洞宗、黄檗宗の三宗派です。しかし、ひょっとして、臨済宗は黄檗宗になっていた可能性もあったのです。

黄檗宗の簡単なプロフィールを紹介すると次のようになります。

黄檗宗は一六五四年（徳川四代将軍家綱《いえつな》の時代）に中国から来朝した隠元《いんげん》（一五九二～一六七三）によってひらかれた宗派です。

当時は檀家制度が確立し、新寺建立は禁止されていましたが、隠元は特別に許されて、一六六一年、京都の宇治に黄檗山万福寺《まんぷくじ》を創建しました。この寺院は隠元が住職をしていた中国福建《ふっけん》省《しょう》の黄檗山万福寺と同じでした。

しかし、禅の高僧、隠元を妙心寺が迎えようという動きがあったといわれています。

一六五六年、隠元は妙心寺を訪問します。山内《さんない》は、

「隠元を迎えて禅を興隆させよう」

「いや、妙心寺は関山《かんざん》国師がひらかれた禅寺である。この法系を守ることに意義がある」

という二つの意見に分かれていました。

そして、妙心寺を代表する愚堂《ぐどう》和尚と次のような問答がありました。

隠元「開山、関山国師の語録を拝見したい」

愚堂「開山さまには語録はありません」

隠元「語録がないのに、どうして、開山さまといえるのですか」

愚堂「開山さまには語録はありません。しかし『柏樹子《はくじゅし》の話に賊機《ぞくき》有り』という言句が残されています」

隠元はこの一語を聞いて、

「この一語は百千万巻の語録にも勝る」

と云ってうやうやしく礼拝《らいはい》したと伝えられています。この一行の言葉でわかる者同士にはわか

るのでしょうね。

もし、「柏樹子の話に賊機有り」の言葉が残っていなかったとしたら、隠元が妙心寺に入寺していたかもしれません。すると、ひょっとして、臨済宗は黄檗宗になっていたかもしれません。

消えた禅宗の秘密とは？

くり返しますが、現在の日本の禅宗には臨済宗と曹洞宗と黄檗宗があります。これは歴史の教科書にも登場します。しかし、もう一派あったのです。それは普化宗《ふけしゅう》です。馴染みのない言葉ですね。しかし、時代劇ではよく見かけますよ。
◎着流しに深い編み笠をかぶっている。尺八を吹いている。
◎明暗と書かれた箱状のものを首から下げている。
そうです。虚無僧《こむそう》です。だいだい時代劇では隠密《おんみつ》の役とか、敵方の刺客《しかく》で登場しますね。九世紀に中国の禅僧普化によってはじめられた宗派です。法竹《ほうちく》を吹く境地と禅の境地とが同じであるとする教えです。

一二五四年に心地覚心《しんちかくしん》が中国から日本に伝えました。

江戸時代には虚無僧の集団が一つの宗派を作りましたが、教義はほとんどなく、法竹を法器と

し、禅の修行の代わりとして、また、托鉢のために吹奏しました。では、なぜ、虚無僧といえば隠密となったのでしょうか。

大阪夏の陣（一六一五年）で豊臣《とよとみ》方が負けて、日本の武士の多くが失業してしまいました。その失業した武士たちの中から、虚無僧になることを幕府に要望した者がいました。しかも、

「法竹を吹くことができるのは虚無僧だけにしてね。一般人は禁止だよ」

「どこの関所でもフリーパスで通れるようにしてね」

などと要求も出したのです。幕府は暴動を恐れて黙認してしまったということです。しかし、逆に幕府に取り込まれて、隠密となって諸国を遍歴し、スパイ活動をする僧も出てきました。

これが、今日、テレビや映画で見かける虚無僧の由来です。

普化宗は江戸幕府によって一六七七年に公認されますが、明治政府により一八七一年に宗派を解体させられてしまいます。

ただし、法竹の持つ「一音成仏《いちおんじょうぶつ》」「音声説法《おんじょうせっぽう》」という精神は現在にも伝わっています。

第3章

お釈迦さまの物語パート2

出家

出家するお釈迦さま

妻子を捨てての家出出家

えーと、お釈迦さまの伝記はどこまでお話したでしょうか。

どこまでというよりは、そうそう、お釈迦さまがお生まれになって「天上天下唯我独尊《てんじょうてんげゆいがどくそん》」と宣言されたところで終わっていましたね。

ここでは出家して、修行するまで伝記を進めましょう。


お釈迦さま誕生の後、一つ不幸がありました。お釈迦さまは生まれて一週間後に母であるマーヤー夫人が亡くなります。マーヤーには「まぼろし」という意味がありました。継母にはマーヤーの妹マハープラジャーパティーが迎えられ、その後は何不自由ない生活を送ります。

カピラ城の城主であり、父であるシュッドーダナ王はお釈迦さまを将来の王となるのにふさわしい教育をします。そして、お釈迦さまは哲学、政治、経済、天文、文学、芸術、宗教などを学べば頭脳明晰、さらに武術にもすぐれた若者に育っていきます。

シュッドーダナ王は文武両道に秀でたお釈迦さまのことを誇りに思っていましたが、一つだけ気掛かりなことが残っていました。それはアシタ仙人の予言です。

「王子さまは将来、全世界を理想的に統一する転輪聖王《てんりんじょうおう》になられるか、出家して悟りをひらくかどちらかでしょう」

当然、シュッドーダナ王は跡取りになることを希望し、シッダールタ王子が出家しないように、楽しい生活を送らせました。しかし、感受性の強い王子は日常生活の中から、人生の疑問を感じとっていきました。たとえば、こんなことがありました。

なぜ、世の中は苦しみで満ちているのか

ある日、シッダールタ王子は馬車に乗って東門から外出しました。すると、髪の毛が白く、背中が曲がり、杖をついた年寄りに出会いました。王子は御者《ぎょしゃ》に尋ねました。

「あの人は何者なのだ?」

「老人です。かつては若かったのですが、年をとって、やがて死ぬ運命にあります」

「誰でもそうなるのか?」

「そうです。みんな老いるのです」

シッダールタ王子はショックを受け、そのまま城に戻りました。

別の日、シッダールタ王子は馬車に乗って南門から外出しました。

「ゴホッ、ギホッ」

咳をして、足もとはおぼつかず、ガリガリに痩せた人に出会いました。王子は御者に尋ねました。

「あの人は何者なのだ?」

「病人です。症状に軽い、重いはありますが、元気な人も病気にかかると苦しみます」

「誰でもそうなるのか?」

「そうです。みんな病気になります。逃れることはありません」

シッダールタ王子はまた、ショックを受け、そのまま城に戻りました。

また、別の日、シッダールタ王子は馬車に乗って西門から外出しました。すると、葬式の列に出会いました。王子は御者に尋ねました。

「あの人は何者なのだ?」

「あれが死人です。死人は動くことも話すこともしません。親しい者の死ほど悲しみは大きいものです」

「誰でもそうなるのか?」

「そうです。生きている者は最後、誰でも死の苦しみが待っています」

シッダールタ王子はまたまたショックを受け、そのまま城に戻りました。

またまた別のある日、シッダールタ王子は馬車に乗って北門から外出しました。すると、剃髪《ていはつ》して堂々と歩む人に出会いました。王子は御者に尋ねました。

「あの人は何者だ?」

「出家修行者です」

王子は馬車から降りて、出家修行者に挨拶し、尋ねました。

「出家すると何かいいことがありますか」

「わたしは人が逃れることのできない生病老死《しょうろうびょうし》を知り、無常を感じ、出家しました。修行に励み、ニルヴァーナ（涅槃《ねはん》）の境地に達しました。今、心に何の心配もありません」

シッダールタ王子は心が喜びでいっぱいになり、そのまま城に戻りました。王子はこの日以来、出家することに希望を見いだしたのでした。

シュッドーダナ王はシッダールタ王子が出家することに反対しました。出家阻止のために、ぜいたくと娯楽の限りをつくしました。十六歳のときです。お釈迦さまをヤショーダラーと結婚させてしまいます。ラーフラという子供も生まれます。

王は安心していました。

しかし、王子の生きることの疑問、苦しみ、むなしさは消えることがありませんでした。

シッダールタ王子は二十九歳になっていました。ある日の深夜のことです。王子はとうとう城を抜け出して、出家してしまいます。

「修行を積んで悟りをひらきブッダとなり、世の人々の苦悩を解放したい」

城に残されたヤショーダラはその美しい顔をゆがめて叫びました。

「何よ！　妻も子供も捨てて！　ひどい、冷酷、家族も妻子も救えない人がどうしてブッダになって世の人を救えるのよ！」

一方、シッダールタ王子は西の彼方、カピラヴェストゥの空を見ながら、決意を新たにしていました。

「ヤショーダラ、すまない。おまえと一緒にいるのは幸せだ。しかし、その幸せは虚しいだけの幸せなのだ。悟りをひらいたら本当の幸せがくる。すべての人を救うことができる時が来るまで、会うことはないだろう」
こうつぶやいてガンジス川に向かって大地を踏みしめたのでした。

さて、補足しましょう。お釈迦さまの出家の理由は先ほど紹介した「四門出遊《しもんしゅつゆう》」という話で描かれています。城外の東門で老人、南門で病人、西門で死者、北門で自信に満ちた出家者に出会います。この話はお釈迦さまの出家が「老・病・死の苦しみからの脱却にあった」ことを明らかにしています。いわゆる「四苦八苦の解決方法」が出家の動機です。

さらに「お釈迦さまの出家理由」と「仏教が誕生する理由」とが同じであることを意味しています。ほら、時々、変な宗教団体の教祖がいるでしょ。

「この世の終わりがくるから、人々を救いたい」
「○○の神に祈りを捧げれば幸福になる」
「天から声が聞こえてくる」

仏教はこのような神や霊などのお告げが契機となっているのではありません。

四苦八苦は時代を超えてすべての人がかかえている問題です。この普遍的な問題に答えようとするのが仏教なのです。

出家したシッダールタは苦労に苦労を重ねて悟りをひらきます。お釈迦さまが最初にひらいたのが仏教ですから、仏教の修行道場はなかったのです。

現在ならばそれぞれの宗派で修行をすることができます。ということで、次はいよいよ禅宗の修行道場の話です。

第4章

ぼくの僧堂物語パート1

網代笠

禅宗といえば修行道場

ぼくが出家したわけ

ある日のぼくとかみさんの会話です。

「ぼく、出家しようと思うんだけど」

「どうしたのよ、熱でもあるの?」

「いやあ、家庭よりも大事なことがあることに気がついてさ」

「やだ、大変! 病院に電話するわ」

ぼくの場合、もうすでに僧堂生活を終了し、龍雲寺の住職をしていますので、たぶん、二度と禅宗の修行道場へ行くことはありません。お釈迦さまのようにはいきません。

では誰がどうして、出家して修行道場へ行くのでしょうか。現在、出家するきっかけは次の三つです。

①お寺の息子、跡取り出家

②お寺の娘と結婚、婿《むこ》入り出家
③目指せ、老師型出家

ぼくの場合は典型的な①です。お寺の息子があまり深く考えることなくというか、あきらめたというか、そのまま学校を卒業して自然と僧堂へ行くというありふれた出家です。たぶん、人数的にも一番多いパターンです。

②は結婚したい相手がお寺の一人娘であったという場合です。

「私と結婚するなら、出家して」

といわれて、頭を剃《そ》るか、はたまた、

「お寺のことは他の人に任せて、お寺から出て暮らそう」

このどちらかを選択することになります。サラリーマンの家や自営業の家に婿入りするのであるならば、二人の気持次第ですが、出家ともなると両親の理解は必要です。場合によっては両家で一大問題となることもあります。泥沼化して、

「このご縁はなかったことにしましょう」

と別れが待っていることもあります。

③はごく普通の家に生まれたものの禅の本に巡り会ったり、坐禅会などに参加し、

「人生は禅だ」「これこそ求めていた世界だ」

と決心し、どこかの老師や住職の弟子となって出家するタイプです。

禅宗の場合、お釈迦さまと同じ悟りをひらくためには修行道場へ行って、老師に指導してもらわなくてはいけません。

臨済宗、曹洞宗、黄檗宗の禅宗は修行道場、いわゆる僧堂が生命線です。僧堂なくして、三つの宗派は成り立ちません。老師になるだけが目的ではありませんが、原則的には僧堂に行かないとお寺の住職になることもできないシステムになっています。

元祖エコ生活が修行道場です

僧侶になる方法や修行の形態は各宗派によって違います。臨済宗の場合は妙心寺《みょうしんじ》や建長寺《けんちょうじ》、円覚寺《えんがくじ》などの本山とよばれる寺院の他に全国に約二十か所の専門道場があります。僧堂ライフはそれぞれのお山によって若干の違いがありますが、ベースはほぼ同じです。

みなさんの近くにあるお寺はそれなりの広さがありますね。修行道場はさらに広い面積があり、総面積を修行僧の人数で割れば、一人一戸建てくらいにはなります。しかし、一人の修行僧の生活スペースは「坐禅をするのに半畳《はんじょう》、寝るのに一畳《いちじょう》」です。それから荷物は衣装ケース一個です。

一人二畳、一坪あれば十分です。

いわゆる「起きて半畳、寝て一畳」と「荷物置いても畳、二畳」が僧堂生活の基本です。

現代生活では一人あたり十六畳（八坪）あればいいな、といわれています。四人家族ならば、計算上は三十二坪の家が必要になります。しかし、考えてみれば「起きて半畳、寝て一畳」には変わりありません。あとの面積は物の置き場です。「あれが欲しい」「あれも必要」という欲望が家の広さをどんどん大きくしているだけですね。

さて、食事は当然のことながら精進料理です。肉や魚、牛乳やチーズなどの乳製品、日本酒やビールなどのアルコール類もご法度です。朝はお粥に梅干し、タクアン、昼は一汁一菜《いちじゅういっさい》、晩は朝と昼の残りものを一つの鍋で煮る雑炊です。食材を無駄なく使い、使いきるのが僧堂流です。

それから出典はよくわからないのですが、「起きて半畳、寝て一畳、天下取っても二合半」ともいうそうです。まとめて表現するならば、僧堂の場合は「起きて半畳、寝て一畳、荷物置き場に一畳、悟りひらいても一合半」となります。

こうした生活環境で読経、坐禅、掃除、作務《さむ》（勤労）、そして老師の指導を受けながら、心と体を調えていきます。心の垢の大掃除です。その生活は「清貧《せいひん》」と「もったいない」につきます。

・布団
カーテンの中に棚があり、丸めた布団が収まっている
バスケットボールのシュートのようにして入れる
落とすと大変なことになる
・単箱《たんばこ》
ロッカー
・雲水の三点セット
経本
持鉢《じはつ》（食器）
湯飲み
フキン
・寝具
敷き布団１枚　掛け布団１枚
真冬はプラス毛布１枚
単淵《たんぶち》
・茶礼《されい》
フキン

修行僧の生活空間

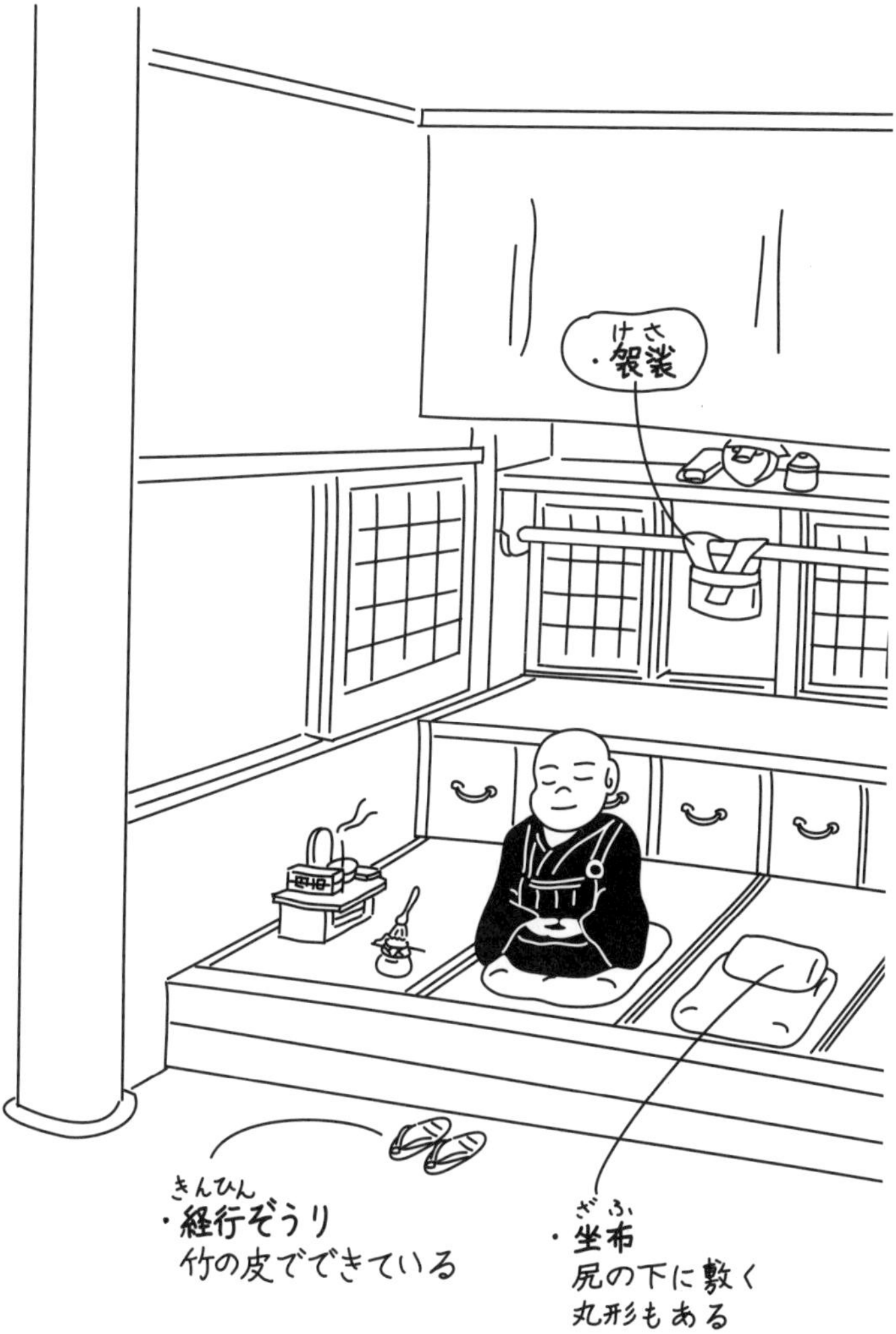
・袈裟《けさ》
・経行《きんひん》ぞうり
竹の皮でできている
・坐布《ざふ》
尻の下に敷く
丸形もある

修行道場の一日

たとえば次のような一日が待っています。この場面はやさしい表現になる「ですます調」ではなく、厳しさが伝わる「である調」でいきましょう。この方がイメージが伝わると思います。


丑三《うしみ》つ時の三時。

禅堂は深い闇に包まれている。暗闇が時間を止めている。

チリチリチリチリ…。

突然、闇を切り裂く振鈴の音。禅堂に起床を促す合図が本堂から鳴り響く。

チン、チ、チンチンチンチン…チーン。

振鈴《しんれい》の音と呼応して禅堂の中から引磬《いんきん》が雲水の眠りを打ち破る。

瞬時に禅堂に灯りがともり、いっせいに雲水が起き出す。布団をくるくる丸め、ひょいと上部の棚に投げ入れる。

カサカサカサカサカサッ…。

禅堂の瓦敷きの上をぞうりが行き交う。トイレ、着替え、自分の席に安単《あんたん》して正座。数分後に

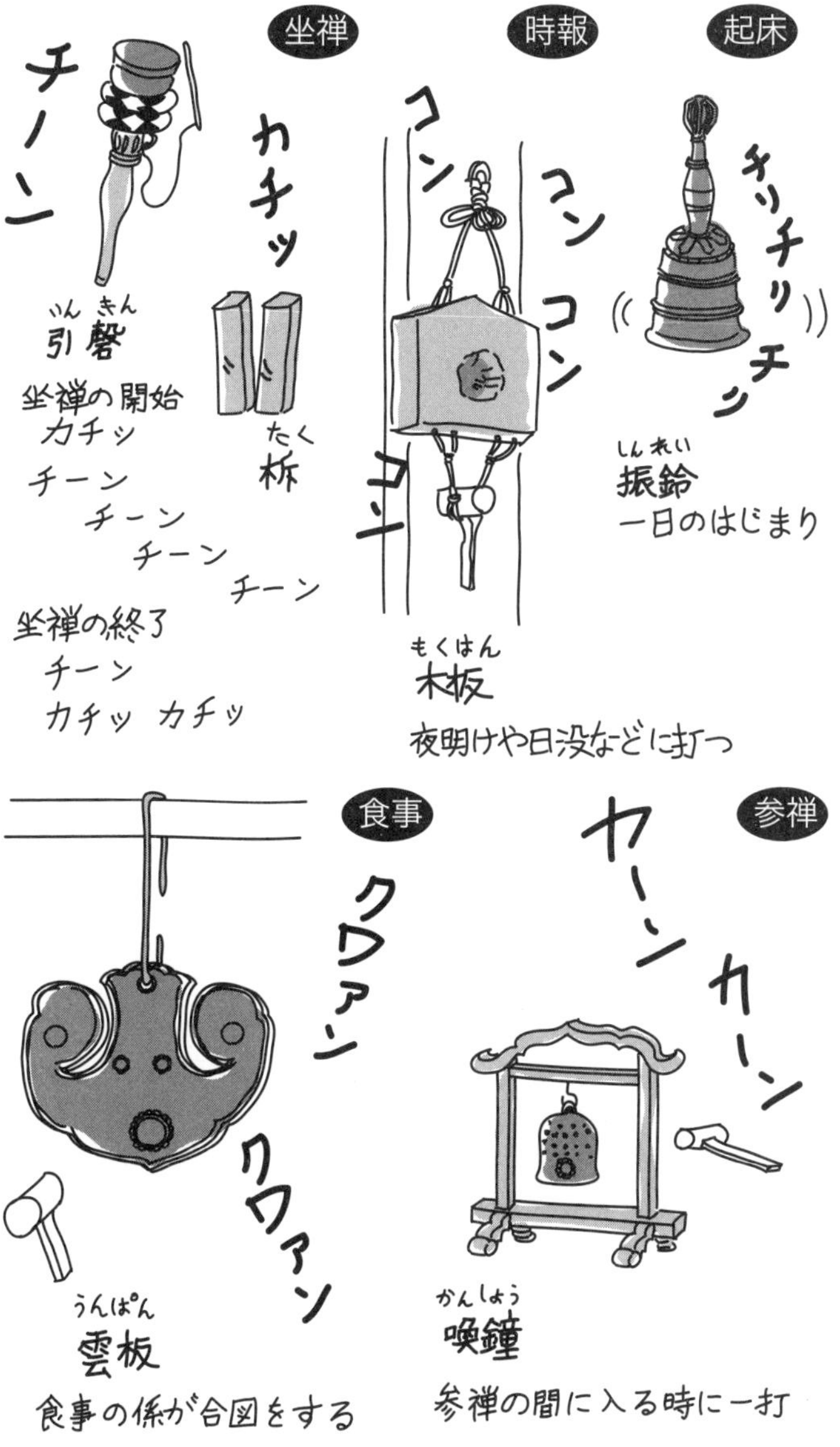
坐禅
チーン
カチッ
引磬《いんきん》
坐禅の開始
カチッ
チーン
チーン
チーン
チーン
柝《たく》
坐禅の終了
チーン
カチッ　カチッ
時報
コン
コン
コン
コン
コン
木板《もくはん》
夜明けや日没などに打つ
起床
チリチリチーン
振鈴《しんれい》
一日のはじまり
食事
クワァン
クワァン
雲板《うんぱん》
食事の係が合図をする
参禅
カーン
カーン
喚鐘《かんしょう》
参禅の間に入る時に一打

また静寂が返ってくる。

　カーン、カーン、カーン…。

本堂の方から鐘が鳴る。再び、禅堂の音が呼応する。

　チン、チ、チンチンチンチン…チーン。

雲水たちが禅堂から一列に整列し出頭する。星が輝いている中、本堂で朝のお勤めがはじまる。

　ゴーン、ゴーン、ゴーン…。

「まかー、はんにゃはらみったしーんぎょうー」


　補足しましょう。朝のシーンです。僧堂は大きく二つのグループに分かれています。一つは禅堂で寝起きし、坐禅、托鉢、作務をする堂内《どうない》とよばれるグループと、このグループを補佐する常住《じょうじゅう》というグループによって構成されています。

　禅堂で眠っている雲水を常住の係が起こすのです。しかし、

「起床！」

「着替え！」

「本堂でお勤め！」

などと声をかけることは一切ありません。鳴らし物《もの》とよばれる仏具の音ですべての雲水が一糸乱れることなく無言のまま行動するのです。さあ、次は本堂で朝のお勤めです。

なむからたーんのー、とらやーやー…。

お釈迦さま、諸仏諸菩薩、達磨大師、栄西禅師、各本山祖師、僧堂各祖師、全世界の人々、日本国の人々、亡くなった方々すべてへの供養がなされる。

お勤めはおよそ一時間。そして、老師が退堂し、終了。

チン、チ、チンチンチンチン…チーン。

堂内を先導する雲水が引磬を鳴らしながら、本堂から禅堂へと導いていく。すぐさま坐禅。

カチッ、チーン、チーン、チーン、チーン。

坐禅開始の合図だ。体を動かすことはできない。しかし、山内の闇は動いていた。朝、冷たいままの光が禅堂の中に差し込んでいる。

チュン、チュン、チュン…。

鳥も活動をはじめている。朝を迎えたのである。

徐々に明るくなっていく堂内。風の音、しばらく、静寂がゆっくりと時を刻んでいく。

カーン、カーン、カーン、カーン、カーン。

本堂の方から静寂を切りさくような音がする。参禅《さんぜん》の合図だ。

ドドドドドドドッ。

雲水が一斉に禅堂から駆け出していく。かけつけた順に正座する。

カーン、カーン。

自分で二打、打って参禅の間《ま》に入っていく。老師との禅問答の時間だ。終了すると、また坐禅。

またも時間が止まる。

カーン、カーン、カーン、カーン、カーン。

朝食の合図だ。

チーン、カチッ、カチッ。

堂内で坐禅を終了する合図が鳴る。そして朝食となる。午前六時である。

再び補足します。朝のお勤めが終わると禅堂にもどって坐禅、一時間くらい坐禅をしていると参禅になります。わかりやすくいえば老師との禅問答の時間です。終了すると再び禅堂にもどり坐禅となります。

朝食は六時です。粥座《しゅくざ》といい、名前のとおり、お粥です。梅干しにタクアン、副菜に金山寺味噌などが用意されます。食事は食堂《じきどう》とよばれる場所で食べ、給仕係がいます。しかし、食堂への出入り、食事作法すべては、鳴らし物とお経によってなされます。また、食器は持鉢《じはつ》とよばれる五枚一組が用いられ、各自の管理となります。

朝食の後はなにをすると思いますか？

ハミガキです。虫歯になってしまいますからね。ハミガキ、トイレタイムの後、掃除となります。長い廊下や本堂、禅堂などを毎日、掃き掃除、雑巾がけをします。

冬の雑巾がけのシーンをどうぞ。

本堂と庫裡の間の廊下に朝日が差し込んでいる。幅四メートル、長さ二十メートルの廊下である。二、三か所に水の入った木の桶が置いてある。雑巾を持って手を突っ込む。

バシャ、バシャ、バシャ…。

思わず手をひっこめたくなる。冷たくない、痛い。

ギューッ、ギューッ。

雑巾を絞り上げる指の皮がよじれて感覚がなくなっていく。雑巾をひろげ二つに折り、両手を添え、腰の角度を六十度に定める。坐禅と同様、下腹部に力を入れ、足を一秒に四回転させる。もちろん裸足だ。

雑巾のわずかの水分が廊下で凍っていく音がする。

シャキ、シャキ、シャキ…。

ま、雑巾がけで廊下が凍る日もあるのです。そして、晴れていれば外掃除です。もちろん、無言のままです。九時半ころ、また禅堂で坐禅となります。再び静寂な世界がはじまります。ジーッと坐るだけです。

十一時、斎座《さいざ》といって昼食です。ごはんにみそ汁、野菜の煮付けなどの一汁一菜《いちじゅういっさい》です。

食後、三十分くらいの休息があり、再び坐禅。午後一時から老師の講座になります。禅の話です。二時半ころ終了し、坐禅となります。

四時、薬石《やくせき》。夕食です。朝のお粥、昼の一汁一菜の残りものなどを一つの鍋で煮た雑炊です。

五時、入浴。開浴《かいよく》といい、一日の汗と垢を落とします。

カチッ、チーン、チーン、チーン、チーン。

そして、坐禅。日は暮れ、鳥たちは寝床へ帰っていく。夕暮れがゆっくりと闇となって禅堂を包んでいく。気がつくと裸電球が薄ぼんやりと灯《とも》っている。ゆっくり、ゆっくりと時間だけが過ぎていく。

バシッ、バシッ、バシッ、バシッ。

誰かが警策《けいさく》で背中を打たれている。

音という音は禅堂の中に吸い込まれていく。

カーン、カーン、カーン、カーン。

参禅の合図だ。再び、雲水が駆け出していく。

そして、坐禅。

八時、茶礼《されい》。お茶に菓子パンが半分出される。あんパンの甘みがありがたい。だが、味わっている時間はない。ものの五分で終了してしまう。あわただしく、トイレ、ハミガキをしてまた、坐禅。

九時、消灯のお経。後方の棚から丸まった布団を落として、一度、就寝。電気も消える。

だが、そっと、起き出して、本堂の濡れ縁に並び坐禅。

星と月の光りに照らされての坐禅。

数時間後、先輩の雲水が一人、二人と禅堂へ返っていく。十二時、本堂から雲水の姿が消えた。

眠る修行僧。そして、三時。

チリチリチリ…。

闇を切り裂く振鈴の音が鳴り、再び、僧堂の一日がはじまる。

ま、こんな具合ですね。一日中、坐禅だけをしているわけではありませんが、衣食住の基本的なこと以外は坐禅という生活です。

「坐禅て足が痛そうー」

確かに痛くないことはありません。生きていますからね。しかし、三十分から四十分で鳴らし物が鳴り、左右の足を組み替えます。または、トイレタイムになることもあります。経行《きんひん》といって、ゆっくりゆっくりと禅堂内を歩いて足の痛みをほぐすこともあります。それに、参禅、三度の食事、午後の老師の講座（講義）、風呂などがあり、二時間以上、足を組んで坐り続けることはありません。

修行といっても、足が動かなくなってしまうとか、ゲッソリやせ細ってしまうなどという苦行ではありません。生活を坐禅中心に調えた日程なのです。

托鉢《たくはつ》は乞食行《こつじきぎょう》です

ただし、今、紹介したプログラムを三百六十五日しているわけではありません。

托鉢も重要な修行です。町中へ行き、布施を受けます。

托鉢はインドでは仏教が起こるはるか以前から修行者によって行われていました。出家者は生産活動をしてはいけなかったのです。物を生産したり、金銭に換金することを求めてはいけなかったのです。

収入がなければ出家者といえども生活はできませんので、布施、施しによって生計を立てていました。托鉢の基本は、

「ほーぅ、ほーぅ」

と大声を発しながら歩くことにあります。

一説に「ほーぅ」は「法雨」だといわれてい

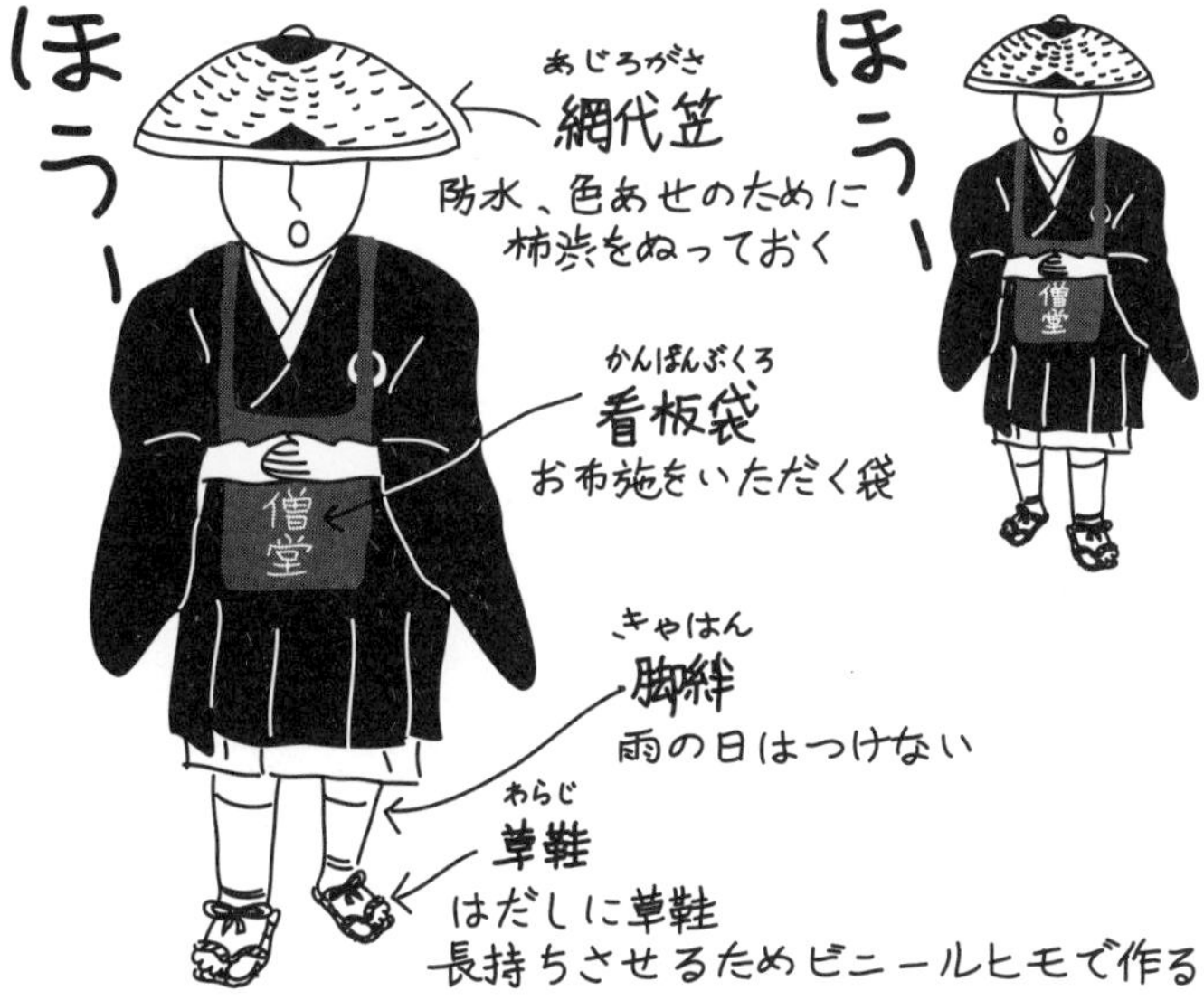

ます。「仏の教えの雨」、つまり、仏さまの法を説いて歩いているということです。

別の説もあります。「ほーぅ」は「鉢盂《はう(はつう)》」のこととする説です。鉢盂は雲水の必需品である三《さん》衣《ね》一鉢《いっぱつ》の鉢です。食器にもなりますし、托鉢の布施を受ける入れ物にもなります。鉢は手に持つものですが、雲水自身が鉢になりきるという意味で、「ほーぅ」と声を出して托鉢するという説です。

この托鉢の「ほーぅ」は坐禅の呼吸、読経の呼吸と同じです。修行が深まれば深まるほど、いい声になります。

とはいってもですねえ、最初はショックでした。雲水衣《うんすいごろも》を着て、五、六人の仲間で托鉢をするからできますが、普段着で二十代の若者が数人で歩いて托鉢をしていたらこれは異様ですよ。仮に布施をしてくれる人がいても、

「いい若い者がどうした」

と小言の一つや二ついいたくなりますよね。それに近い話がお釈迦さまの時代にもあったようです。

ある日のことです。お釈迦さまが托鉢をしていました。お百姓さんたちが農作業をしていると

ころに通りかかりました。すると、ひとりのお百姓さんがお釈迦さまのもとへやってきてこういいました。

「お坊さん。わたしたちは田畑を耕し、種をまいて食を得ている。あなたも、同じようにしたらどうだね」

働かざる者、食うべからずではありませんがごもっともな意見ですね。すると、お釈迦さまは次のように答えました。

「わたしもあなたと同じように耕し、種をまいている。わたしの田畑はわたし自身のことである。ここに仏の教えという種をまき、智慧《ちえ》という鍬《くわ》で心を耕し、雑草を抜くように煩悩を取り除いている。あなたの牛が田畑を一所懸命に耕す姿はわたしの精進であり、その結果、実る収穫物は甘《かん》露《ろ》の実、つまり悟りの世界なのだよ」

こう、思わないとなかなかできないものです。また、托鉢とは頭陀行《ずだぎょう》のことだといわれています。頭陀とはサンスクリット語のドゥータを音訳したことばで「振るい落とす」という意味があります。衣食住の欲望を極力、振るい落とし、仏道修行に専念することをいいます。

どこかで、托鉢僧を見かけたら、お気持でいいですから、お布施をしてあげてください。それは自分自身への布施でもあるのです。

作務の心得

小学校の科目といえばすぐに思い浮かぶのが、「国語、算数、理科、社会、体育に音楽、図画工作」ですが、禅宗の修行道場の場合は「坐禅、托鉢、作務、読経、参禅」が僧堂ライフの柱になっています。

坐禅、托鉢、読経、参禅については概略、お話ししましたが、残りは作務ですね。

作務とは定義が難しいですね。「坐禅、托鉢、読経、参禅」以外のことはみんな作務ということも可能です。具体的には建物内の掃除や外の境内地の掃除、草取りが主な内容です。他は修行道場によって違いがありますが、米や野菜などの農作業、林の手入れや間伐、場合によっては大工仕事や諸工事を手伝うこともあります。これはこれで、坐禅と同じ修行です。要するにすべてが修行であり、禅でないものは一つとしてないのです。

それから、作務の心得といえば、中国唐時代の高僧百丈《ひゃくじょう》（七二〇〜八一四）に次のような逸話が残されています。

百丈は八十歳の高齢になっても作務をやめませんでした。そこで、ある弟子が健康を気づかって、

「そうだ、作務ができないようにしよう」

と、作務の道具を隠してしまいました。すると、百丈は食事をとらなくなりました。困った弟子が、

「どうか、食事をしてください」

と懇願しました。すると、百丈はこう答えました。

「一日《いちじつ》作《な》さざれば、一日食《くら》わず」

これは「働かざる者食うべからず」（働かない奴は食うな）とは違います。「一日の中でやるべきことをしなければ食べない」という自分自身への戒《いまし》めです。

さて、禅宗の僧堂ライフの柱は「坐禅、托鉢、作務、読経、参禅」でしたね。すべての根底に共通するのは心のあり方です。

実は禅とは宗派の名前を表現したものではなく「心の別名」だったのです。

臨済宗の秘密「公案」

現在伝わる禅宗には臨済宗、曹洞宗、黄檗宗の三宗派がありましたね。三宗派は坐禅をメインとした教えであるという点では共通していますが、いくつか違いもあります。主な点をあげてみましょう。

一、公案《こうあん》を用いる臨済宗。

二、壁に向かって坐禅をする曹洞宗。

三、阿弥陀信仰のある黄檗宗。

要するに臨済禅の最大の特徴は公案にあります。公案とは老師が修行僧を悟りに導くために出す禅の問題集のことです。

わかりやすくいえば計算ドリルのようなものですね。

犬に仏心《ぶっしん》はあるのかないのか

それではさっそく有名な公案を一つ紹介しましょう。

『無門関《むもんかん》』第一則「趙州狗子《じょうしゅうくす》」です。

趙州和尚。因僧問狗子還有仏性也無。州云、無。

一見、お経のようにも見えますが、中国の書物ですから、原文は漢文です。書き下し文にしてみましょう。

趙州《じょうしゅう》和尚、因《ちなみ》に僧問う。狗子《くす》に還《かえ》って仏性《ぶっしょう》有《あり》や也《ま》た無《な》しや。州云《いわ》く、無《む》。

わかりにくい言葉が数カ所ありますので補ってみましょう。趙州和尚（八九七年没）とは中国の高僧です。「狗子」とは犬のこと。「仏性」とはここでは「仏の心」としておきましょう。それでは、現代語訳してみます。

ある修行僧が趙州和尚に尋ねました。

「犬に仏の心はありますか、それともないのでしょうか」

すると、趙州和尚は、

「無い」

と答えました。

もう少し、背景を補ってみましょう。

趙州和尚の所へ一人の修行僧が尋ねてきました。修行僧といってもそれなりに禅の修行を積んでいる者です。その僧はいのちを持つものはすべて仏心を持っていると考えていました。そこで、

「犬に仏の心はあるのでしょうか、ないのでしょうか」

と尋ねました。すると、趙州和尚は、

「無い」

と答えました。

原文は漢文ですので、読みにくい所もありますが、これが公案です。修行道場では一日に二度、参禅といって老師の所で一対一の指導時間があり、ある日、突然、出題されます。

「おい、無門関の第一則《そく》、やってみろ」

といった具合です。そして、坐禅中、呼吸はそのままに公案についてあれこれと思案を巡らせることになります。

みなさんなら、この問題をどう解きますか？

「どう解くといわれても、趙州和尚が犬には仏の心は無いというのですから、答えは〝無い〟に決まっていますよ」

そうですよねえ。たいていの人は「無い」と答えるに違いありません。そして、ぼくも参禅の時間に自信を持って、

「無いです」

と答えました。すると、

「違う！」

と一喝《いっかつ》され、退出しました。参禅の間から禅堂へ戻り、足を組み、坐禅をしてみます。

「〝無い〟は違うのかあ…、ということは」

みなさん、今度はおわかりですね。そこで、次の参禅のとき、みなさんと同じように答えました。

「趙州和尚が『無い』といったのは間違いです。犬にも仏心はあるのです。すべてに仏心が宿っ

ているのですから」

すると、老師は、ニヤッと笑って、

「違う、違う！」

とまたも一喝したのです。今度は坐禅をしても心は落ちつきません。

「無いでもなし、有るでもない。これはどういうことなのだ」

数週間が過ぎて、一つのことに気がつきました。

「あっ、そうか、趙州和尚は〝無い〟と答えた」

までは問題の部分だったのか、と。

趙州和尚。因僧問狗子還有仏性也無。州云、無。

ここまでは問題の部分にしかすぎないのです。計算ドリルでいえば「1＋1＝」の問いの箇所なのです。

文章だけを見ると、計算ドリルでいう「1＋1＝」の部分が、「趙州和尚。因僧問狗子還有仏性也無」、答えの「2」の部分が「州云、無」のように読めます。しかし、そうではないのです。

この文章全体のやりとりそのものが問題なのです。

そして、計算ドリルも公案も答えは一つです。この「2」という答えを修行僧は必死に追求するのです。

ここから先は秘伝です。公開されることはありません。後は臨済宗の修行道場へ入門し、老師の指導を受けるしかありません。

そして、計算ドリルと大きく違う点は計算ドリルは机の上で頭を使えば解くことはできますが、公案を解くには社会から隔絶された環境と時間が必要です。要するに修行道場で坐禅することと公案を解くことは一体になっているのです。

何がゆれているか？

もう一つ別の公案を紹介します。『無門関』第二十九則「非風非幡《ひふうひばん》」です。原文の漢文と書き下しは略して、口語訳をどうぞ。

法性寺《ほっしょうじ》で印宗《いんじゅう》和尚の講義があるというので、六祖慧能《えのう》が本堂で待っていました。すると、講義を知らせる幡がパタパタとゆれました。この様子を見て、ふたりの僧侶が議論をはじめました。

僧侶一「幡が動いているのだ」

僧侶二「いや、幡ではなく風が動いているのだ」

二人のいい争いがいつまでも続くので慧能はこういい放ちました。

「幡が動くのではない。風が動くのでもない。あなたたちの心が動いているのだ」

この指摘に二人はハッとしておそれおののいたのでした。


六祖とは達磨大師から数えて六代目の法を継いだ慧能（七一三年没）のことです。広東《かんとん》の街にある法性寺で印宗和尚の講座があるというので慧能は本堂で待機していたのでした。その時の講座を知らせる幡をめぐる二僧のやりとりが「非風非幡」です。

「これって、『無門関』第一則の趙州狗子と同じ?」

という声がさっそく聞こえてきました。

そうです。同じです。「心が動いている」は答えではありません。

続けて二つ紹介します。


お釈迦さまが説法会において、蓮華の花を手にしながら、黙ったままです。聴衆も押し黙っ

たままです。すると、ただひとり迦葉尊者《かしょうそんじゃ》だけが、微笑みました。お釈迦さまは、「吾《われ》に正法眼蔵《しょうぼうげんぞう》、涅槃妙心《ねはんみょうしん》、実相無相《じっそうむそう》、微妙《みみょう》の法門あり。迦葉に伝えた」といわれました。（『無門関』第六則「世尊拈華《せそんねんげ》」）

達磨は面壁《めんぺき》中。二祖慧可は雪の中に立っていました。臂を切っていいました。
慧可「私の心は不安です。どうか、私の心を安らかにしてください」
達磨「不安の心をここへ持ってこい。そうすれば安心させてやろう」
慧可「そのような心はどこにもありませんでした」
達磨「それで安心したであろう」（『無門関』第四十一則の達磨安心《だるまあんじん》）

この二話はどこかで聞いた話ですね。そうです。「禅宗はじめて物語」に登場した話です。実はこれも公案なのです。

公案の補足

そもそも公案とは昔の中国で使われた法制用語のことです。役所の法令などの公式文書、裁判所の判決書など、「公府（役所）の案牘《あんとく》（書類）のこと」を公案とよんでいました。権威があり、厳正で誰もが命がけで従う必要がありました。

同様に老師から与えられた問題を修行僧は苦修辛参《くしゅうしんさん》、命がけで取り組んだため、公案とよばれるようになったといわれています。

その公案禅は中国宋代の大慧宗杲《だいえそうこう》（一一六三没）にはじまり、日本においては臨済宗中興の祖・白隠禅師によって、集大成と体系化がなされます。

公案の多くはお釈迦さまをはじめ、各祖師方の語録やエピソード、経典の語句、民間説話などで構成されていますが、代表的なテキストとしては『臨済録《りんざいろく》』『碧巌録《へきがんろく》』『無門関《むもんかん》』などがあります。

蚊に刺されない方法

公案は秘密ですから解答が公開されることはありません。しかし、ちょっとしたヒントになるエピソードを紹介しましょう。

それはある夏の日のことでした。うだるような暑さ、禅堂はまるで温室です。汗が背中をツッツーッと駆け降りていきます。

暑いのはまあ、仕方ないとして、許しがたいのは蚊の大軍です。

ブーウウウン。

朝と晩、ちょうど日の出と日の入りのころ、しっかりと編隊を組んで空襲をしかけてきます。目の前にいるのは二十歳から三十歳くらいの健康な雲水です。しかも、坐禅をしてジーッとしているのです。これ以上の獲物はいませんね。

ブチッ！

手、首、あるいは木綿でできた雲水衣の上からも遠慮はありません。

チュル、リュル、リュル…。

採血の音が聞こえてきます。

パッチン！

と叩き落としたら、もっと大変なことになります。動きを察知した日直《じきじつ》か助警《じょけい》が警策《けいさく》という棒を持って、飛んできます。

バッコン、バッコン、バッコン！

禅堂中に罰警《ばっけい》の音が響きわたります。坐禅中は動くことができないのです。

チーン（引磬《いんきん》）、カチッ、カチッ（柝《たく》）。

この合図まで待たなくてはいけません。足の組み替えのときに蚊に刺されたところに爪で×印をつけるのが、ささやかな抵抗なのです。

そんな、夏のある日、宋淵《そうえん》老師（ぼくの師である宗忠《そうちゅう》老師の師）が禅堂の中で雲水や一般の参禅者にいいました。

「蚊に刺されない方法を考えてみなさい」

老師は時々、そんなことをいわれていました。一方、ぼくはというと、

「またぁ、なにをいっているんですか。老師さま」

というのが率直な感想でした。

蚊に刺されない方法だって？　まあ、探せば、ないわけではないですよ。

蚊取り線香をたきましょう。

殺虫剤を散布しましょう。

電気蚊取り器なら手間がかかりません。

おおそうだ、空調つきの禅堂に建て替えましょう。

ね、しかし、禅堂では実現不可能です。したがって、「蚊に刺されない方法」なんてありませんよ。

ものの数秒で考えるのを終了してしまいました。

その後も蚊の襲来は毎日、続きました。

数日後、「蚊に刺されない方法」という問題が出されたことも忘れてしまったある日、宋淵老師がみんなの前でいわれました。

「蚊に刺されない方法はみつかりましたか？」

一同、シーン。

「それは蚊に布施をすることです」

老師の背中姿を感じながらぼくは「フーン」と感想をもらしました。

布施っていうのはお経を読んでもらうもののことさ。

ところが、ここに重要なヒントがあったのです。公案を解く手順です。
一、素直に公案の問題を解いてみる。

二、公案の問題の中には答えはない。
三、公案の問題を超越したところに解答の入口がある。
老師はこのことを伝えたかったのではないでしょうか。

それから、「蚊に刺されない方法」の答えは「蚊に布施をする」ですが、禅堂の中では実際、どうすればいいのでしょうか。

それはひたすら坐禅をすることです。蚊に刺されるとか刺されない、布施をするとかしないなどとは無縁のことです。

では僧堂ではなく実社会ではどうでしょうか。蚊との共存です。いのちのあるものすべてとの共存です。共生《ともい》きといいます。

そんな秘密が「蚊に刺されない方法」の中に隠されているのではないかと思うのです。残念ながら、老師はすでに亡くなられてしまいましたので解答を確かめる方法がないのが残念です。

「まだまだ工夫が足りませんよ」

「蚊一匹に布施もしかねるわが身かな」

そんな宋淵老師の声が聞こえてきます。

何かのヒントにしてください。公案のお話はこれくらいにしましょう。

第5章

お釈迦さまの物語パート3

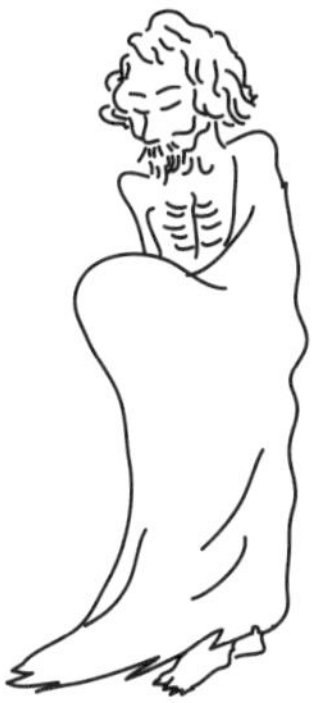

出山釈迦図

修行に苦労したお釈迦さま

「ぼくの僧堂物語」の最中ですが、ここで「お釈迦さまの物語パート3」です。といいますのは「お釈迦さまが坐禅をして悟りをひらいた」ことと、僧堂の十二月の一日から八日までの坐禅集中期間（臘八大摂心《ろうはつだいせっしん》）と密接な関係にあるからです。お釈迦さまの修行時代からはじめましょう。

悟りをめざして

出家したシッダールタ王子（お釈迦さま）はアーラーダ・カーラーマとウドラカ・ラーマプトラという二人の思想家を訪ねましたが、すぐに教えをマスターしてしまい一人で悟りをめざしました。

そして、セーナーパティ村を流れるナインランジャー川のほとりの森林で修行にはげみました。ウドラカ・ラーマプトラの弟子であった五人の修行者もシッダールタと一緒に断食する、死の直前まで呼吸を停止するなどの苦行を共にしました。

二人の師匠は苦行によってある程度の境地に達していました。したがって、シッダールタはもっと苦行をすれば、その先にある完全な悟りにいたることができると考えたのです。

そして、六年間の苦行。

シッダールタの目はくぼみ、あばら骨は浮かび、骨と皮だけにやせ細ってしまいました。しかし、シッダールタの心に悟りはありません。

「体を死の極限にまで追い込めば、心に悟りがおとずれると思ったのだが…」

「いずれにせよこの苦行の先には悟りはない」

シッダールタは苦行を止めることを決心しました。ふらつきながらゆっくりと山をおりたのでした。

このときの様子を描いたのが出山釈迦図《しゅっさんしゃかず》です。十二月八日の成道会《じょうどうえ》に登場します。

苦行のため痛んだ衣、やせ細った姿、おぼつかない足どり、腹も減っています。このときはまだ、悟りをひらいてはいないためか、顔には不安と希望、そして、悟りをひらくという予言めいた表情をしています。

シッダールタはナインランジャー川に入り、汗と垢で汚れた体をていねいに洗い清めました。

ここでスジャータという娘が通りかかります。シッダールタの弱っている姿を見て、スジャータは乳粥を運びます。

ゆっくりとシッダールタは乳粥を口にしました。

一方、この姿を見た五人の修行者は、シッダールタが修行をあきらめたと勘違いし、見捨てて、立ち去ってしまいました。

「スジャータってどこかで聞いたことのある名前よね」

そうです。コーヒーにスジャータのスジャータです。コーヒーフレッシュですね。確か「褐色の恋人」というCMコピーだったと思います。

めいらくグループという会社が一九七六年に発売を開始しました。スジャータというネーミング名はお釈迦さまに乳粥をさしあげたスジャータからつけられています。

宣伝するわけではありませんが、スジャータという商品名には、コーヒーをよりおいしく召し上がって頂くためのフレッシュでありたいという願いが込められています。

乳粥を食べたシッダールタは体力を回復しました。そして菩提樹の木の下に坐り、坐禅をはじめます。

「苦行をやめたからといって悟りをあきらめたわけではない。六年間の苦行を超越した方法で再度、悟りをめざそう」

シッダールタは決意を新たにします。

十二月一日のことだといわれています。

魔王の娘たちの誘惑

このシッダールタの姿をみて、慌てたのが欲界《よくかい》のトップにある他化自在天《たけじざいてん》に住むパーピヤスという魔王でした。

「シッダールタに悟りなんかひらかれては死活問題だ。なんとしても妨害するぞ！」

魔王は自分の娘をよび、

「女性の魅力で誘惑してこい」

と命じました。娘たちはきらびやかに着飾り、妖《あや》しく、艶《つや》やかにシッダールタにせまります。

「ねえねえ、わたしとお話しましょうよ」

「あなた、とても魅力的よ」

「だからネ、こんな所で坐ってないで、別の所でお楽しみしましょ！」

シッダールタは静かに話しました。

「今、ただ楽しいだけのことはいずれ、苦しみと後悔の念が残るだけだ。わたしも昔、いやというほど体験したよ。わたしが目指しているのはほんのちょっとの楽しみではない。すべての人がすべての苦しみから自由になる無限のやすらかな心なのだ」

魔王の娘たちはあれこれ誘惑してみたもののシッダールタの言葉に逆に感激し、手にした花を捧げて天界にもどってしまいました。

怒ったのは魔王でした。自ら悪魔軍団を率いて、シッダールタを攻撃しました。

ピュン、ピュン、ピュン、ピュン…。

ブォン、ブォン、ブォン、ブォン…。

空を真っ黒にする矢の攻撃。

天を焦す火の玉の嵐。

しかし、矢も火の玉もシッダールタの体に触れた瞬間、美しい花になってしまいます。シッダールタは悪魔軍団に対し、敵意は持たず、慈悲の心であったため戦闘にならなかったのです。

一週間の精神統一をした坐禅。そして十二月八日の朝をむかえます。

明けの明星が輝くとき、シッダールタは悟りをひらきました。

全世界の人々の苦しみの原因がはっきりとしました。そして、それを解決する明確な方法もみつかったのです。

しかし、このときの内容を記述した経典はありません。ま、考えてみればすべての問題を解決する方法は問題の数だけあるわけで、それを限られた文字で表現するのは無理なことといえます。具体的な方法は天台系、真言系、浄土系、禅宗系、日蓮系などそれぞれの宗派の立場によって違います。

問題の数だけ解説方法があるわけですから、それでいいのです。

ただし、次の言葉を感想として残したといわれています。

「万物と我と同根《どうこん》」

「山川草木国土《さんせんそうもくこくど》悉皆成仏《しっかいじょうぶつ》」

　すべてのいのちは同じ法則によって成りたっている、すべては仏であるということです。

今あるいのちを時間と空間の中で見極めたのではないでしょうか。今あるいのちの現在、過去、未来を見通し、苦しみが生まれる原理と解決方法を会得したのです。

「すべての人の苦しみを救う術を得た」

シッダールタは悟りをひらき、ブッダ（悟りをひらいた者）となったのです。出家から六年、三十五歳のことでした。

お釈迦さまは自分の悟りの内容を出家後の師であったアーラーダ・カーラーマとウドラカ・ラーマプトラの二人に伝えようとしましたが、すでに亡くなっていました。そして、苦行をともにした五人の修行者に教えをあかしたのです。

これを初転法輪《しょてんぽうりん》といいます。仏教のはじまりです。

さて、次はお釈迦さまの一週間の坐禅と僧堂の関係です。

いのちがけの臘八大摂心

お釈迦さまが悟りをひらいた十二月一日から八日までの坐禅。これと同じ日に僧堂では坐禅をします。臘八大摂心《ろうはつおおぜっしん》、または臘八摂心《せっしん》といいます。

臘とは年末、十二月のことです。摂心とは復習しますが、一週間の坐禅集中期間のことです。一週間の坐禅集中期間は四月から七月、十月、十二月などの月にあります。しかし、臘八大摂心は他の月の大摂心とは大きく違います。

別名を「いのち知らずの大摂心」といいます。というのは寝ないのです。通常の大摂心では朝三時起床、夜十二時には布団を敷いて寝ることはできるのですが、臘八の大摂心では布団を敷くことは許されません。一週間を一日にたとえるからです。長い長い一日になります。ちょっと、坐禅のシーンを紹介しましょう。

カチッ、チーン、チーン、チーン、チーン。

止静《しじょう》になりました。坐禅をしたまま動けません。呼吸を調えるしかありません。しかし、しばらくすると、いろいろなことが思い浮かんできます。

「こんな寒い所にいないでさ、コタツに入りましょうよ」

「朝はお粥なのね、あなたはコーヒーにトーストが好きだったのよね」

「こんな所でモタモタしてるといい彼女を逃すわよ」

ま、こんな声が聞こえてくるのです。シッダールタにせまった魔王の娘と同じようなささやきです。

といって、今からコタツに入れるわけではありませんし、朝のお粥がモーニングセットに変更になることもありませんし、女人禁制の場所で合コンができるわけでもありません。

それはそれで放っておくしかありません。集中力に欠け、いろんな念は湧くこともありますが、かかわらないことです。

魔王の軍団の矢や火玉が飛んできても、知らん顔していたのと同じです。

逆にいえばお釈迦さまを襲った小悪魔や魔王軍団は心の誘惑だということですね。

禅宗に苦行はありません。通常の摂心は、二十代、三十代のごく健康な男女であるなら誰でも問題なく修行することができます。

臘八の大摂心の三度の食事もいつもの通りです。それから特別に夜の九時には開鉢《かいはつ》といって、持鉢に一杯うどんを食べることができます。空腹で坐禅ができないということはありません。

一週間が一日ですから、風呂と横になって眠るための布団はありません。日に日に体が冷えてきます。

そこで禅堂のまわりを小走りに走って体を暖めます。これはかなり効果的です。

問題は睡魔です。

夜の十二時から三時までは各自、随坐《ずいざ》となります。正式な坐禅の合図である止静が入りませんから、坐禅をしながら仮眠をとり、なんとかしのぎます。

決して無理なことをしているわけではないのですが、臘八の大摂心にはそれなりの覚悟は必要です。

そんなふうにしながら、お釈迦さまにせまろうとするのが禅宗です。

臘八大摂心のこぼれ話を一つ。

最終日の夜の十二時になると爆竹を鳴らします。

パチパチパチパチ、パン、パン、パン…。

中国の習慣で新年に爆竹を鳴らしますが、この影響でしょうか。無事に終わったことをみんなでお祝いします。魔除けの意味もあるかもしれません。それから、たき火を囲みます。冷えた体に体温が戻ってきます。アンパンもつまみます。

「おいひー！」（「おいしい」では表現できません）。

さらに、風呂に入ると新人の背中を先輩が洗ってくれるのです。

「ご苦労。よくやった」

とねぎらいの言葉つきです。ボロボロ、ボロボロと一週間の垢が音をたてながら、落ちていきます。臘八大摂心の最終日、それは、

「生きているなあ」

と思える日です。

第6章

ぼくの僧堂物語パート2

持鉢

典座は男の修行場です

当然、精進料理です

さて、ここからは典座《てんぞ》のお話です。典座というのは食事の係のことです。どうして食事の話をするのかといいますと、食事を食べることも作ることも立派な修行であると禅宗では考えるからです。禅とは特別なことではありません。日常生活そのものが禅なのです。むしろ、食事はジッと坐っている坐禅よりも難かしい修行といえます。

ところで、精進料理というと赤いお膳に朱の器にちょっと入った繊細できれいな料理を想像しますね。それも、確かに精進料理ですが、ルーツは修行僧の食事にあります。

「修行のためにいただく」「作ること」が本来の精進料理です。修行に精進（努力）する料理が精進料理なのです。本来は日常食だったのです。この修行僧が毎日食べていた食事が、お客さんのために用意されるために工夫がなされ、今日の精進料理イメージにつながっています。さらに、茶道《さどう》を確立した千利休《せんのりきゅう》（一五九一年没）によって懐石《かいせき》料理に発達していきます。

と前置きをして、ここからは僧堂の食事に関するお話です。

僧堂の食事はひと言でいえば精進料理です。五戒といって「お釈迦さまとのお約束五か条」の第一番目に殺生をしないとあるからです。

したがって、肉、魚、卵などの動物性タンパク質を口にすることはできません。また、五戒の五番目に「飲酒を禁止する」とありますから、調味料にアルコール類も使用できません。食事の素材は米や野菜、コンブやワカメなどの海藻、リンゴやナシなどのフルーツです。しかも、調味料は塩、醤油、味噌、砂糖、酢と限られます。マヨネーズは禁止ですからマヨラーには厳しい食事ですね。

中にはシステムキッチンの僧堂もありますが、多くは薪《まき》が原料のかまどです。ちょうど、昭和の三十年代の農家といったところでしょうか。ガスレンジはありますが、ほとんどの料理はかまどで行います。さすがに冷蔵庫はありますが、電子レンジやＩＨヒーターはありません。

と、概略はここまでにして、まずは食べることからお話しましょう。

食べることも修行です

僧堂で食事を口にするためには、

お経が読めること
五枚一組の持鉢《じはつ》が使えること
作法がわかること
この三つが要求されます。食事は「食べるお経」ともいえます。そして、お経を読んでいよいよ「いただきます」の前に独特の作法があります。それは生飯《さば》です。
生飯とは少量の食を餓鬼界の衆生に施すことをいいます。量は朝食の粥、昼食のご飯の場合は七粒、うどんやそばの場合は一寸以下、お正月の餅は手の爪くらいの大きさです。箸で飯をとり、左掌の上で三回まわして飯台の上に置いて供えます。
「自分の目の前には食事があるが、ひょっとしてこの世にもあの世にも食事をとることができない者たちがいるかもしれない。ほんの少しではあるが、その者たちに最初に供養します」
という気持を表現します。
「その生飯はどうするの?」
はい、飯台看《はんだいかん》(給仕係)が羽子板のような形をした生飯器に集めます。そして、台所の係が林の鳥や池の鯉たちなどに供養します。
自分だけが独り占めして食べてはいけないのです。さらに「食べる」のではありません「感謝していただく」のです。これが雲水の精神です。
ここで三度の食事のメニューを紹介しましょう。

（粥座《しゅくざ》）

午前六時の朝食。文字の通り、メインはお粥。おかずは梅干し、タクアン。副菜で金山寺みそなどがつきます。

お粥に関しては天井粥、目玉《めだま》粥という別名があります。天井粥とはお粥が非常に薄いために天井が写ることから命名されたお粥のことです。目玉粥は天井粥と同様、お粥が薄いためにのぞき込むと自分の目が写ることに由来しています。

「僧堂はひもじい思いをするのですね」

「和尚さんたちって飢えているの？」

そういう時代もあったようです。今となっては伝説ですよ。現在ではそんなことはありません。

（斎座《さいざ》）

十一時の昼食。ごはんにみそ汁、野菜の煮つけなどの一汁一菜です。斎座では炊きたての白米を食べることができます。ほっかほかのごはんが輝いて見えます。

（薬石《やくせき》）

午後四時の夕食。粥座、斎座などの一日の残りものを一つの鍋で煮て、醤油かみそで味つけした雑炊です。

薬石について補足しましょう。薬石の薬はくすり。石は石で作った針のことです。転じて薬剤の総称、病気を治療することの意味があります。葬儀のときに「薬石の効なく亡くなりました」などといいませんか。

かつて、仏道修行では正午を過ぎてから食事をとることが許されなかったので、修行僧の飢えや寒さをいやして修行を成就させるための薬として夕食をとったことがありました。この言葉の名残りです。

それから、三度の食事には飯台看《はんだいかん》という給仕係がつきます。独特の作法があり、最初は緊張します。

台所もりっぱな修行道場です

次は台所の係の話です。朝のシーンからどうぞ。

チリ、チリ、チリチリチリチリ…。

堂内（禅堂）の起床の合図、振鈴《しんれい》が鳴ります。この音で常住《じょうじゅう》（堂内以外の雲水）も動きだします。典座以外は本堂で朝のお勤め、朝課《ちょうか》となります。

まずは釜に水を入れ、かまどに火をつけます。

「いいですか、マッチ一本で確実に火をつけるのですよ」

宋淵老師の言葉が毎日、思い出されます。簡単なことです。しかし、集中をしないと点火しません。

そして、粥座の準備、その日に用いる米や野菜、薪などの準備もします。六時の粥座に合わせてお粥をつくります。朝日が差し込む五時二十分ころ、沸騰《ふっとう》させたとぎ汁の中へ米を入れます。大きなしゃもじで一度ゆっくりとかきまぜた後、しばらく待ちます。もう一度、沸騰したら、しゃもじでかまの底から返すように回し、火を中火に落とします。さらに時間調整をしながらとろ火でとろとろと温めながら仕上げていきます。

特に冬の粥座では堂内の手はかじかんでいます。体の芯まで暖まるようなお粥をださなければいけません。夏は逆にのどごしのよいお粥を心がけます。熱すぎてはいけません。といって、冷めすぎてもいけません。雲水の舌になりきって、温度調整します。ま、次のような気持ですね。

お粥は
天使のように白く
浄土のようにかぐわしく
母のような温もりで出してあげたい

食材は「もらう・拾う・ただ」で調達します

食材の調達方法は各僧堂で違います。ぼくが過ごした僧堂では「もらう・拾う・ただ」でした。ある程度の米や野菜は作っていましたが、近所は農家です。いろんな野菜をいただきます。それから、市場に出荷した後の畑でサツマイモを拾ったこともありました。

それでも、醤油や油、みそ、酢などは手に入りませんから、ご縁のある方にお願いしてただでいただいてしまいます。

「もらう・拾う・ただ」、食費なし。農家が近くにある僧堂だからできる技です。

それでは典座時代のエピソードを三つどうぞ。

エピソード1　かまに習え

「そういうのをかまに習えというんじゃ」

宗忠《そうちゅう》老師が大声で怒鳴っています。はじめてかまどの薪でご飯を炊いたとき、こがしてしまったのです。ほんのりとできた〝おこげ〟なら上出来なのですが、あまりにも香ばしいにおいが数十メートル離れた老師の鼻にまで届いてしまったのです。

脱兎のごとく走ってきた老師に怒られてしまいました。

「おい、なにをボヤボヤしている。おこげをボールに移し、醤油をかけてむすびにしろ！」

「三角むすびじゃ」

おお、手早い。老師はいい腕してますね。

「おい！」

「はい」

「どうやって、ごはんを炊いた」

「ええと、釜が沸騰して、水蒸気が透明になったら三分はそのままで…」

「ばかもん！　理屈でごはんを炊くな！」

「はい」

「いいか、釜に習っておけ！」

「はい」

雲水もはじめから調理ができるわけではないのです。一つ一つ、釜に習い、包丁に習い、野菜に習い、先輩に怒られながらマスターしていくのです。「釜でごはんが炊けるようになる」のではなく「釜でごはんが炊けるように慣れる」しかないのです。

「なるより慣れろ」

宗忠老師の口癖でした。

エピソード2　世界で一番の大ご馳走

入門して三年目の夏のことです。ぼくは台所の係をしていました。

昼食も終わった午後の一時頃だったでしょうか、ぼくが台所で野菜の整理をしていました。すると、宋淵《そうえん》老師の声がしました。

「ここは典座《てんぞ》といって、台所ですよ」

二人の信者さんにお寺を案内しています。ぼくが一礼をすると、老師はぼくの肩をポンと叩きました。

「龍《りゅう》さん（「龍」とは、ぼくの僧堂でのよび名です）、薬石は二人増えましたからね」

「はい」

ぼくが答えるとさらに、老師は二人の信者さんに向かって、

「今日は夕食に大ご馳走をするから食べていきなさい」

と誘いました。さて、薬石とは夕食のことですが、僧堂の薬石のメニューは雑炊と決まっています。作るのはいたって簡単。朝のお粥、昼のご飯やみそ汁、野菜の煮物などの残りものを一つのナベで煮るだけです。

お客さんが二人、増えました。

はい、たやすいことです。

ご飯茶碗二杯分の水を増しておきましょう。水を増す、つまり、増水で雑炊を作るのです。

「また、オヤジギャクですか」

読者の中にはあきれた人もいるでしょう。

違いますよ。雑炊は、古くは「増水」とも書き、ご飯に水を入れて量を増したものをいったのです。室町時代の国語辞書『節用集《せつようしゅう》』にも記載されています。後に野菜や魚肉の具を入れるようになり、「雑炊」の字で表記されるようになったのです。

僧堂の増炊は元祖増水なのです。

ま、雑炊のはじまりはそれくらいにして、気になるのは「薬石のご馳走」です。

信者さんのお土産かな。

ぼくは期待しました。肉や魚は僧堂の中に入ることはできませんが、精進料理なら大丈夫です。

精進料理でご馳走とは何でしょう。

まず思いつくのは豆腐料理ですね。油揚げや厚揚げ、湯葉の可能性もあります。生湯葉ならご馳走ですよ。わさび醤油が欲しい。

そうだ、天ぷらかもしれない。エビやイカの天ぷらは無理でも、ナスやごぼう、ニンジンなどの精進揚げは皿に盛ることはできます。大根おろしくらいはサービスしておきましょう。

ゴマ豆腐かもしれませんね。それから、食後のフルーツということも考えられます。メロン、パパイヤ、マンゴー。

やったー。四時になりました。

カーン、カーン、カーン、カーン、カーン。

雲版《うんばん》という金属製の鳴らし物を打ち、薬石の合図を鳴らしました。

飯台というテーブルに老師、修行僧、信者さん二人が席につきました。

カチッ。

柝《たく》が打たれ、『般若心経』を読みはじめました。持鉢《じはつ》という食器に雑炊が注がれていきます。水増ししたため、いつもより薄くなっています。他におかずはキャベツのごま醤油おひたしとタクアンです。

カチッ。

お経が終わり、一同が箸を手にしたときです。

「いいですか」

老師が口をひらきました。

「この一杯の雑炊、この雑炊が世界で一番の大ご馳走なのです」

と、力を込めていわれました。そして、無言のまま食事がはじまりました。ぼくは納得できません。

「老師、へんなことといわないでくださいよ」

宋淵老師の一言に、青い修行僧のぼくの心は反応しました。

どこが世界一だ。これが世界一なら、ぼくは世界一のコックだ。

ご馳走はどうした、どこへ行った。それとも、すでに食べてしまったのか。ガッカリ。こんなことになるのなら、水増しするんじゃあなかった。そうだ、ナスの切れ端くらいゴマ油炒めして、加えておけば腹のたしになったのに。残念。どうしてこんなに水っぽいんだ。誰が作った。ぼくです。

食事中、ずっとそんな思いがぼくの頭の中をぐるぐると巡っていました。

カチッ。

柝一声《いっせい》、合掌して食事は終了しました。

信者さんも気の毒だな。きっと、帰りに天ぷらそばでも食べて口直しだよ。

食べそこなったご馳走にぼくは不平不満たらたらでした。

その一杯の雑炊が世界一である理由がわかりかけたのは数年後のことでした。

薬石の雑炊一杯には僧堂の一日の修行が凝縮されていたのです。典座の朝は修行僧の一日と同様、朝の三時にはじまります。マッチ一本で火を起こすことからはじまり、お湯をわかし、お粥を作り、片づけます。昼食、ご飯を薪で炊き、野菜の煮付けのおかずを一品。そして、晩の雑炊はそれら典座の一日が集約されているのです。いきなり雑炊を作ったのではいけません。朝食があって、昼食があり、晩の雑炊があるのです。

しかも、マッチ、新聞紙、薪、竈《かまど》、かま、なべ、お米、みそ、醤油、野菜、タクアン…無数の人の力の縁を知ることのできる一杯の雑炊なのです。

そこで、老師は「世界で一番の大ご馳走」といわれたのだと思うのです。老師の一言がなければ、あまりにも普段着であったために気がつくことができない一杯でした。

『白隠禅師坐禅和讃』の一説に、

私たちは本来、仏なのになあ。

どうして、仏さまをよそに探すのかなあ。

たとえば、水の中にいて、

「のどが渇いた水をくれ！」

裕福な家に生まれて、

「金に困った」

と叫んでいるようなものだよ。


とありますが、まさにこの姿だったのです。ご馳走を食べながら目の前にして、「ご馳走をくれ」と叫んでいたのです。

「うまい」「まずい」は自分の舌と心が勝手につけた味です。元々「うまい料理」「まずい料理」

があるわけではありません。素材の縁といのちに感謝し、「いただきます」と手を合わせたとき、すべての食事はご馳走なのです。

みなさんの冷蔵庫の中に肉や魚、野菜、ごはん、卵などが入っていますよね。半端に余ったもので時々、雑炊を作ってみましょう。

これは修行道場の一杯の雑炊と同じです。どうぞ、世界で一番の大ご馳走を家庭で召し上がってください。

エピソード3　梅の実の往生

今回は梅に関するエピソードです。

梅の花は禅宗では特に好まれます。冬の寒さに耐えて、百花に先がけて咲く姿と、厳しい修行に勤める雲水とを重ね合わせるからです。雪の梅を見ながらの坐禅なんていうのも風情《ふぜい》がありますよ。

さて、入門して二年目の夏、ぼくは宗忠老師の隠侍《いんじ》になりました。隠侍というのは世話役です。老師の食事、洗濯、掃除、マネージャー役です。付き人といいますか、女房役とでもいいましょうか。

お寺の境内地の中には梅の木がありました。ちょっと離れた所に梅園もありました。五月の中頃になりますと朝から晩まで一週間くらいかけて梅の実を収穫します。

まずは梅干しにします。梅干しは朝食のお粥には欠かせません。それから、信者さんにも日頃のお礼をかねて配ることもあります。市場へ出荷したこともありました。豊後《ぶんご》の梅は梅酒にもしました。僧堂は禁酒ですから、修行僧は飲むことはできません。一年に一度、広口ビンの入れ替えをしますが、中身は信者さんへ、残った梅の実は冷蔵庫で冷やして雲水のおやつで登場します。所詮《しょせん》、エキスが出てしまった残り梅、チューチュー吸ったって、アルコールのアの味もしません。しかも、大量にある。

そこで、ふと思うことがあって、梅酒から取り出した梅の実にこんなことをしてみました。

（1）表面のシワシワがふっくらと柔らかくなるまで蒸し器で蒸す。

（2）砂糖のシロップで中火で煮る。砂糖は梅の重さの3割。

（3）醤油を少量入れ、弱火で煮る。醤油は隠し味程度。

（4）シロップごとタッパーに入れる。

梅の甘露煮になりました。ポイントは梅の皮が破けないように丁寧に扱うことです。

この梅の実の甘露煮を小皿に入れ、抹茶をそえ、お盆に乗せて宗忠老師にお出ししました。

「老師、お茶を持ってまいりました」

三つ指ついて、頭を下げながらぼくは、はたしてお食べになるのだろうか、と疑問に思いました。

お毒味をさせたの?

いえいえ、決して、そんなことはございません。

「おい」

この一声に一瞬、ドキッとしました。

「はい」

「どうやって作った」

「はい、梅酒の梅を蒸して、砂糖シロップで煮て、ほんのり醤油の風味を出して、四十分です」

「よし、そうか、寺中の梅酒の梅を全部、甘露煮にしておけ」

「んんん…、はい」

やれやれ、余計なことをしたので、余計な仕事が増えたようです。寺中の梅って、一斗(約十八リットル)はありました。

その日、甘露煮作りに忙しい中、お客さんが数人ありました。

「おい」

「はい」

「例の梅の実を持ってこい」

さっそく、お茶菓子としてお出ししました。

「あら、おいしいわね」

お客さんが感想を述べると、老師はニコニコしながら語りました。

「この梅の実の甘露煮は梅酒になった残りの梅じゃ。あんた方は捨ててしまうかもしれんが、こうして、蒸して、砂糖シロップで煮れば、一品になるということ。ま、世の中に残りもの、無駄なものはないということだ」

さも、自分が作ったような顔をして、得意げに話していました。

次の日、また、別のお客さんがみえました。

「おい」

「はい」

「梅の実を持ってこい」

「冷凍しました」

一斗もある梅の甘露煮はさすがに一度に食べることはできませんので、シロップごとタッパーに入れて冷凍したのです。入りきれない梅は一粒、一粒ラップして冷凍庫に入れました。こうしておくと、必要なときに自然解凍すれば器や皿に盛ることができます。

「いいからそのラップ梅を持ってこい」

「はい」

老師はガラス小皿に紫陽花《あじさい》の葉を敷き、ラップ梅を薄く切り、二切れほどのせ、

「梅の実のシャーベットだよ」

とお客さんに差し出したのです。さらに、老師はお茶を飲みながら、例の作り方をみなさんに伝授していました。

そして、お客さんが帰って、ぼくが梅の種を捨てようとすると、いきなり、老師が怒りました。

「コラッ、捨てるな。もったいない。捨てずに干せ。干して砕け。砕いた固い殻はお茶に入れろ。梅茶になるぞ。種の種、天神さまは天ぷらじゃ。一つはそのまま小麦粉をつけ、もう一つは抹茶で色づけして、松葉でさせ。お客さんのつまみになるぞ」

今度はぼくが秘伝を授かりました。

寒さに耐えて梅の花は年に一度、花を咲かせます。そして、実を結びます。その中のある梅の

実は梅干しになり、また、ある梅は梅酒になります。梅酒のエキスとなった梅の実は捨てられる運命だったのに、梅の実の甘露煮に変身し、またあるときはシャーベットにもなり、さらに、梅茶にも、天ぷらにもなる。

本当にいのちを使い切った料理です。ここまで働けば梅の実のいのちは往生したでしょうね。

一方、ぼくも往生しました。何しろ半日、台所でバタバタしていましたから、このことを〝往生した〟っていうのでしょうねぇ。

精進料理の心得

修行道場のメニューは朝がお粥に梅干し、昼は一汁一菜《いちじゅういっさい》、晩は朝と昼の残りもので作る雑炊です。食材を徹底して活かすためのメニュー、いのちを使い切る料理になっています。さらに、このいのちによって自分のいのちが支えられていると感謝し、いただくのが修行道場の食事です。そこにはうまいものも、まずいものもありません。

修行道場には米から作る新粥《しんしゅく》と、ご飯の残りで作る残粥《ざんしゅく》の二種類があります。残粥は前日に残ったご飯を水で煮て、塩少々を加えてつくりますが、当然、味は落ちます。しかし、修行道場で口にすれば、新粥と何ら変わりません。

そこには次のような精神が生かされているからです。精進料理の極意です。

食材に感謝。
自分のいのちも食材のいのちも同じ。
食材のいのちによって自分は生かされている。

この心は僧堂だけに限られたものではありません。日常生活の中で毎日、三度、三度の食事のときにかみしめたいものです。この気持があれば精進料理ではなくても精進料理になるとぼくは思うのです。

禅は理屈ではありません。実践です。この意味で典座は禅の象徴的な修行の一つとなっています。

僧堂のエピソード集

ここからは僧堂でのエピソードをいくつか紹介します。特に宗忠老師（ぼくの師）と宋淵老師（宗忠老師の師）から教わったことですね。というか、怒られたというか、あきれた修行僧とでもいうべきお話の数々です。いくつか聞いてください。ただし、その中には禅の教えや重要なヒントが入っています。

「典座は男の修行場です」の所でエピソード1「かまに習え」、エピソード2「世界で一番の大ご馳走」、エピソード3「梅の実の往生」の話はしましたので、エピソード4からです

エピソード4　リバテープの少女

それは入門して二年目のことでした。春、夏、秋が過ぎると、当然のことながらやってくるのは冬です。

僧堂の冬は「寒い」の一言につきます。静岡県の三島市はめったに雪の降らない温暖な所とはいえ、僧堂にはエアコンはもちろん、ストーブも火鉢もありません。禅堂で坐禅するときも障子

などの建て具も開け放たれたままです。

しかも、年中、裸足《はだし》です。読経中、足袋《たび》をはくことのあるのは特別なお経の日だけ、後は日中の作務のときにはく軍足《ぐんそく》と地下足袋《じかたび》だけです。

当然、冬であっても托鉢は裸足に草鞋《わらじ》です。

十一月になると、踵《かかと》にひび割れがはじまります。

「大したことないさ」

油断していると、十二月、ひび割れはさらに広がり、触るとズキンと痛みを発するようになります。

「そうだ、リバテープがあったぞ」

傷絆創膏をペタリと貼つけて托鉢に出かけます。しかし、年を越すと、リバテープの威力がなくなります。パッカリと口がひらき、血がにじむこともあるからです。

「こんなときはボンド君」

傷口に木工用のボンドを塗りたくって出かけます。セメダインも有効です。乾くと半透明になるため、目立たないからです。

その日の托鉢は軒鉢《けんぱつ》でした。通常の托鉢は

「ほーう、ほーう」

と声を出しながら道の両側二列になって歩きますが、一軒、一軒、家のドアを少し開けて、お経を読み、お布施をいただくのが軒鉢です。

ビニールの草鞋をはいているとはいえ、裸足には代わりありません。一歩、一歩、歩くたびに冷えきった地面が続いています。家のドアの金属に手をかけると刺すような冷たさが伝わってきます。立ち止まってお経を読んでいると寒さが背筋を通りぬけていきます。しかし、托鉢は続きます。ここからは「ですます調」から「である調」に気分を変えてお届けします。


県道三島裾野線、日大三島の北側を六人の雲水が、家から家へ駆け巡っていた。首からは雲水の証拠である看板袋がかかっている。紺の生地に「龍沢僧堂」と白地の文字が浮き上がっている。しかし、ぼくは一群から抜け出そうと思っていた。寒い、粗食、寝不足、つまらない、そんな僧堂から脱出したい、このことばかり考えていた。

こたつに入って、テレビを見て、みかんでも食べたら幸せ。

そんな、ささやかな温もりを想像しながら北風の中を托鉢していた。

その黒髪の少女は風を押してやってきた。

「おしょーさん、おしょうーさん」

振り向くと、五歳くらいの女の子がひとり、息をはずませながら、走っている。

白いセーターに青いスカート、白いハイソックスの女の子はぼくが彼女の声に気がついて振り向くと、いっそう右手を振り、息をはずませながら近づいてきた。

ふっくらとした丸い顔。はあ、はあと息づいている赤い唇。目を閉じて合掌し、再び開けた彼女の心配そうな瞳の中に、ぼくの網代笠《あじろがさ》が映っていた。

「おしょーさん」

女の子はぼくをまっすぐ見つめた。

「これで足の傷、治してね」

そういって、合掌していた小さな手を大事そうにふくらませた。蓮の花のつぼみがゆっくりとひらいた。

リバテープ一箱。

ぼくはその箱を彼女の手ごと包み込んだ。彼女は声には出さなかったが、「よかったわ」といった表情をし、恥ずかしそうに微笑んだ。ゆっくりと彼女の掌からぼくの指に四角い小さな箱が引き寄せられた。

ぼくの心臓がドキンと鳴った。

なんと傷を治すことのできないリバテープ一箱が、骨折しかけていた心の傷に沁みていく。

「この子は冬の托鉢を知っている。雲水のひび割れた足も見ている。そうか、この子のお父さんやお母さんも知っている。ああ、ぼくは一人じゃあない」

こう思えたとき、ぼくは、声を出してしまった。

「ありがとう」

托鉢には何をもらっても声を出してはいけない規則があるが、無言ではいられなかった。

「さようなら」

彼女はぼくが箱を看板袋の中に入れるのを見届けると、商店街の中に走っていった。その姿を目で追うぼくの視線を行き交う車がさえぎっていった。そして、再び、足にアスファルトの冷たさとひび割れの痛さが戻ってきた。

禅宗の修行に荒行や苦行はありません。ごく普通の若者なら誰でも修行することはできます。スポーツにたとえるならばマラソンのようなものです。一気に二、三日で走り抜けようとすると、すぐに息切れしてしまい、本当の三日坊主になってしまいます。といって、ゆっくりと歩いたのでは無駄に時間だけが過ぎていくだけです。

この間、「自分は修行している」と思ったら間違いです。「修行させていただいている」という気持になれないと長続きしません。

別の托鉢の日のことですが、ぼくの顔をしげしげと見ながら、

「身体に気をつけて、私の代わりに修行してください」

と心配そうに声をかけたおじいさんがいました。その眉間に皺を寄せた顔といったら、まるで孫の入社式でも見るような表情でした。多くの知らない人たちに見守られているのですね。

一度や二度、へこたれたっていい。

でも、歩き続けなくてはいけない。一人で生きているわけではないのですから。さまざまな人たちのおかげで「生かされている」のですから。

ちなみにへこたれるの「へこ」とはふんどしのことです。「〝兵児《へこ》〟が地面につくほどへなへなになって座る」、これがへこたれるのはじまりだそうです。

エピソード5　ウジ虫が光っている

どこの世界でもそうですが、新人のする仕事といえば掃除です。しかも、修行道場に限らず、

修行と名のつく所では毎日のトイレ掃除を避けて通ることはできません。トイレをピカピカにする、これができない新人は失格です。

通常、トイレといえば建物の中にあり、水洗トイレを想像しますね。しかし、僧堂のトイレは建物の中にあるのではなく、独立していました。小用二十器、大用十器はありました。しかも、水洗ではなく旧式のいわゆるボットントイレでした。

トイレ掃除には順序や方法、バケツや雑巾などの掃除用具の置き場所などに一定の規則があります。最後にトイレの守護神、烏枢沙摩《うすさま》明王《みょうおう》に合掌し、線香を供えます。当然、手抜きは許されません。先輩のチェックがあります。

ある日の朝のことです。ぼくはいつもの通り、デッキブラシでゴシゴシと男子用便器をこすっていました。すると、トイレの真ん中で宋淵老師がある一点を見つめ、手を合わせているではありませんか。ぼくがデッキブラシを動かす手を止め、横目と横目が合うと老師はいわれました。

「合掌しなさい」

ぼくが老師の目線を点線で追うと、その先にはウジ虫が一匹、前へ前へと蠢《うごめ》いていました。

ギョッ、キモイ。

ぼくがその場に立ちすくんでいると、さらに老師は声をかけました。

「ほら、ウジ虫が光っているでしょ。よくみなさい」

ぼくはチラチラと目線を送り、とってつけたような合掌をして、掃除を再開しました。

ゴシゴシゴシゴシッ。

「いやになっちゃうなぁ！」

浅はかな修行僧の正直な感想でした。でもねえ、みなさん。あの、臭いトイレにいる、ウジ虫ですよ。誰一人として好きな人はいないでしょ。ウジ虫を食用にする国とか、宇宙食用に開発されたウジ虫なら金色に光って見えるかもしれませんが、僧堂のボットントイレに発生したウジ虫が輝くわけありませんよ。

これは後で気がつくことなんですけどね、ウジ虫は、宋淵老師から雲水に出された問題だったのです。一見、わけのわからないようなことをいって、修行僧を指導していたのです。老師が修行僧を導くという点では公案といってもいいかもしれません。しかし、入門したての新人なんかにそんなことはわかりません。

そして、この意味が何となくわかりはじめたのは恥かしいことですが、数年も後のことです。

ウジ虫はきたないに決まっている。

これはごく普通に人が抱く感想です。しかし、よくよく考えてみれば元々「きたないウジ虫」

がいるわけではありません。

きたない、ぶきみ、きらいな虫。

「いいですか、まず、先入観を捨てなさい」

宋淵老師は最初に伝えたかったのだと思います。

「きたない」という先入観を捨てたとき、「きたないウジ虫」は「ウジ虫」になります。「ウジ虫」を見たときに「きたないウジ虫」と見るのではなく「ウジ虫」と見る目を持ちなさい。まず、最初にこう伝えたかったのだと思うのです。

さらに、誰が、いつ、どこで、どのようにして「ウジ虫」という名前をつけたのでしょうか。名前が蝶や蛍だと違ったイメージがありますよね。名前のイメージに左右されないようにするため、名前をなくしてみましょう。すると、「きたない生命体」がある、いやいや、そこには一つの「尊いいのち」があるだけです。

ぼくには両親がいます。そのまた両親にも両親がいます。こうして代々数えていくと、無数ともいうべき、無限ともいえるとぎれることないいのちのリレーがあることに気がつきます。

たとえば、関ヶ原の合戦でぼくのご先祖さまの誰かが、鉄砲に当たって死んでいたとしたらどうでしょうか。たった、その一人が死んでいたために、今のぼくはないのです。

同じようにそのウジ虫もいのちのリレーにより、今、ここにいのちをもって生きているのです。このいのちは光っています。尊いものです。だから、

「ウジ虫が光っているでしょ。よくみなさい」

と老師はいわれたのだと思います。「よくみる」の「みる」はただ目で「見る」ではなく、心の眼で「観る」ことだったのです。


この話、ちょっと似た話があります。たぶん同じことをいいたいのだと思います。それは良寛《りょうかん》（一七五八～一八三一）です。良寛といえば「手まり上人」と称されたほど子供好きで、欲がなく、清貧《せいひん》で、そして、天真爛漫な生き方をした曹洞宗の名僧です。


ある日のことです。良寛さんの草庵《そうあん》にお客さんがみえました。良寛さんの住居は質素なちっぽけな草庵です。中に入ると家財道具らしきものもありません。ただ一つすり鉢があります。一つしかないので目立ちます。良寛さんはいいました。

「これか、これ一つあれば十分じゃよ。味噌はすれるし、粥もできるし、食器にもなる。便利なものじゃ」

「そんなもんですかねえ」

お客さんはすり鉢をのぞき込みました。

「ギョッ、良寛さん！　ウジ虫！」

「おお、お粥と菜っ葉を入れておいたんで、ウジもわいたか」

「そうじゃあなくて、汚いですよ」

「大丈夫、食べようとすると、ウジが逃げてくれるから。ほーら、この通り」

良寛さんは匙《さじ》で粥をすくって口にいれました。


かなり極端な逸話ですね。お客さんにはウジ虫は汚い虫でしかなかったのです。良寛さんには自分と同じ、光り輝くいのちに見えていたのです。宋淵老師のウジ虫といいたいことは同じだと思います。

そういえば、朝のお勤めのときに『菩薩願行文《ぼさつがんぎょうもん》』というお経を読んでいました。

「謹《つつし》んで諸法《しょほう》の実相《じっそう》を観《かん》ずるに、皆是《みなこ》れ如来真実《にょらいしんじつ》の妙相《みょうそう》にして塵々刹々《じんじんせつせつ》一々《いちいち》不思議の光明《こうみょう》にあらずと云《い》うことなし。之《こ》れに因《よ》って古《いにし》え先徳《せんとく》は鳥類畜類に至《いた》るまで、合掌礼拝《らいはい》の心を以《もっ》

て愛護し給《たま》えり…」

とあります。ちょっと、簡単に意訳してみましょう。

「心と身体を調えて、この世のありのままの今の姿を観てみましょうよ。すべてのいのちは仏さまと同じ、不思議な光明を放っています。

だからね、先人は仏さまに合掌するのと同様、私たち一人ひとりのいのちはもちろんのこと、鳥や犬、猫などすべてのいのちを大切にし、手を合わせてきたのだよ」

宋淵老師は『菩薩願行文』の一文を、「ウジ虫が光っている」の九文字で表現したのだと思うのです。

お釈迦さまが悟られた時に発したといわれている「万物と我と同根《どうこん》」「山川草木国土《さんせんそうもくこくど》悉皆成仏《しっかいじょうぶつ》」と同じ意味なんでしょうね。

親の小言と冷や酒は後から効いてくるといいますが、随分と後から効いてくるようです。

老師はすでに亡くなられましたので、ぼくの答えを確かめる方法がないのが残念です。

エピソード6　今すぐやるんじゃ！

それはぼくが僧堂へ入門した年の秋のことでした。昼休み、禅堂の南にある不動堂の脇にあるベンチでウトウトとぼくは昼寝をしていました。

「修行道場で昼寝できるの？」

と不思議に思う人がほとんどでしょう。できるんです。

「寝る間を惜しんで修行しろ」

厳しいご意見もあるかもしれません。とはいいましてもね、いくら二十代の体力に自信がある若者とはいえ、朝は三時起床、夜は十二時就寝、終日、炎天下で作務などをする日には昼食後、一時間程度の休憩時間があってもいいでしょ。体がもちません。

それにしても、お不動さんの脇にあるベンチは特等席です。額から流れる汗にさわやかな秋風が通り抜けていきます。さわさわ、さわさわさわ、このささやかな幸せ、しばらくの間、続いて欲しい。

と、五十メートルほど離れた台所のほうで宗忠老師の声がしました。

「バカもん、今、やるんじゃ！」

かなり興奮しています。まあ、あちらの台所のグループが何やら命令されているに違ない。ぼくは関係ないさ。このままさわやかなさわさわを続けよう。再び心地よい眠りに落ちようとして

いたそのとき、

「オーイ。全員出て来い！」

老師の全員集合の号令が鳴り響きました。やれやれ。

「とっととせんかー。陽がかげるぞ！」

みんなかけ足で飛んできました。老師の前にはコンテナで三杯、生シイタケが山盛りになっています。すぐそばのシイタケ畑からとってきたものらしい。

「すだれを出して干すんじゃ。さあ、急げ、さあ、さあ！」

あと、三十分は休めるのに。お願い、老師さま、ごむたいな。

しかし、老師は先頭を切って縦二メートル、横三メートルはあろうかというすだれをひらきはじめました。

「そらそれ、今しかないぞ。陽がかげらんうちに早くやってしまえ！」

と老師はいうが、今日は雲一つない秋晴れですよ。別に今、急いでやらなくてもねえ。午後の作務の時間からでも十分、間に合いますよ。やれやれ、年を取ると気が早くなっていけないねえ。

感想は一言。

昼休みを損した。

しかし、これはできすぎた話なのです。実は曹洞宗をひらいた道元（一二〇〇～一二五三）の逸話をそのまま実演して見せたのです。

道元が禅の修行のために中国へ渡ったときのこと。それは『典座教訓《てんぞきょうくん》』（台所の係の心得についての著作）によれば二十三歳の年、五月四日の夕暮れどきであった。明州《みんしゅう》の慶元府《けいげんふ》（寧波《にんぽう》）に停泊している道元たちの船を、一人の老僧がシイタケを求めて訪れた。

「わたしは、阿育王山《あいくおうざん》の典座（台所の係）をしているものである。日本産のよいシイタケがあると聞いた。ぜひ、食材で譲ってほしい」

道元はこの老僧に聞きたいことが山ほどあり、次々に質問した。

「中国仏教は今どうなっているのですか」

「中国の禅宗とは？」

「どんな修行をするのですか？」

「禅とはなにか？」

あっという間に時間は過ぎていった。日が傾いてきたので、

「船でゆっくりしていったください。一泊して、仏道の話をもっとお聞かせください」

と道元は誘った。すると、老典座は、

「いや、今、私の修行はシイタケを買って帰ることです。修行を中断するわけにはいきません」

きっぱりと断った。道元はあきらめきれずに再度、引き止めた。

「あなたのような年配の方が、食事の支度なんかにこだわることはないでしょう。坐禅や古人の語録に関する話をしましょう」

すると、老典座は、

「外国からきたお若いの。あなたは仏道修行とはどのようなものであるのか、まったくわかっておらんようですな」

と一笑して船を去っていった。


この話だけでも、「〝今、やるべきことをやる〟これが修行だ」というメッセージを送っているのですが、これは前編です。後編はかなり酷似しています。どうぞ。

師を求めて行雲流水《こううんりゅうすい》、道元は天童山《てんどうさん》にあった。天童山は中国五大山の一つに数えられ、多くの名僧を輩出した禅宗の名門道場である。

ここで道元は用《よう》という老典座と出会う。

それは熱い夏の日であった。用典座は老骨に鞭をうってシイタケを干していた。そこへ道元が通りかかった。

「いやあ、暑いのに大変でしょう。若い雲水にやらせたらいいじゃありませんか」

用典座は手を休めることなく、顔を少しだけ道元の方に向けてこう答えた。

「他人がやったのでは自分の修行にならない」

道元はいう。

「それならば、なにもこんな暑い日にやらなくても。もっと、楽な日にすればいいでしょう」

用典座は答える。

「その楽な日とは、いったいいつかね。教えてもらえないか」

道元は言葉を失った。

「……」

用典座は、

「今をのぞいてはあるまい」

と、シイタケ干しを続けた。焼けつくような夏の日差しが二人を燦々《さんさん》と照らしている。立ちつくす道元、もくもくとシイタケを干し続ける老典座、そして二人の影。

ね、よく似ているでしょ。それから、よくできた話ですよね。それにしても、道元と同じことを体験しても、道元と同じにならないのはどうしてでしょうかねえ。

エピソード7　ゼングリッシュ

「おい、龍さん。おまえも海外へ行って、インターナショナルな禅僧になれ」

ある日、宗忠老師が熱っぽく語ったことがありました。老師は数年に一、二度、海外布教の旅に出かけることがありました。イギリスのロンドンなどのヨーロッパです。この後継者を探していたのです。

よし、老師はぼくに期待している。ここは奮起、ドイツ語やフランス語は無理でも、英語を何とかしよう。うーん、しかし、帰国の際にブルーの目の花嫁を連れてくるのは、やっぱり、まずいかなあ…本気で考えはじめていました。

そんなことがあって、老師は午後の講座で時々、海外にある禅堂の話をぼくたち修行僧に熱く語っていました。

「禅を外国へ伝えるのには、まあ、現地の言葉はしゃべれた方がいいが、特別に説明する必要はない。とにかく坐禅すればいい。それから、言葉も次の三つがあればいい。

クリーン、クリーン、クリーン。

ボディキャッチ。

ナウ、ナウ、ナウ。

これで十分通じる。禅のイングリッシュだからゼングリッシュじゃよ」

なるほどねえ、老師のおやじギャグだね。そして、ぼくは老師の講座を聞きながら、頭の中で三つの言葉をあれこれと考えてしまいました。

「クリーン、クリーン、クリーン」は直訳すると「掃除、掃除、掃除」ですから、心の垢落としですね。しかも、三度、繰り返していますので、「常に坐禅をして心をきれいにしましょう」という意味です。汚れてもいいんです。掃除すれば。

「ボディキャッチ」は「身体で受け止めろ」です。頭で理解してはいけない、実際に身体を動かせろということです。サッと動くということです。

「ナウ、ナウ、ナウ」は「今、今、今」、「即今只今《そっこんただいま》」です。過去にこだわらず、未来に余計な欲望を持たず「素直に今と向かい合おう」となります。

しかも、このゼングリッシュの出発点は「クリーン、クリーン、クリーン」です。まず、坐禅をして心を空にしましょう。空にすれば心を自在に動かすことができます。すると、さっと迷わず身体が動き、つまり、「ボディキャッチ」となり、今、すべきことが的確にできるのです。「ナウ、ナウ、ナウ」の完成です。

とまあ、禅をあえて英語で表現したのがゼングリッシュなのです。

などと、ぼくが頭の中で直訳していたときのことです。

「ほーれ、そうやって、お前たちは三つの言葉をすーぐ、日本語で考えるじゃろ。それがいかん。外人は日本語がわからないから、そのまま、〝クリーン、クリーン、クリーン〟〝ボディキャッチ〟〝ナウ、ナウ、ナウ〟だ。このまま丸呑みして、坐禅すればいい。自然と氷が融けて水となるようなものだよ」

と、老師はいってみたものの一同がポカーンとしていたためか、

「おいっ」

と喝を飛ばしました。

「今、〝クリーン、クリーン、クリーン〟〝ボディキャッチ〟〝ナウ、ナウ、ナウ〟をしてみろ!

〝クリーン、クリーン、クリーン〟、余計なことを考えるな。

〝ボディキャッチ〟、人の話を聞け。

〝ナウ、ナウ、ナウ〟今、耳で聞くことに集中しろ。

今はただ、ただ、聞け！　ということじゃよ」

はい、そういうことでした。

そうそう、例の海外派遣の件ですが、ぼくだけではなく他の雲水、すべてに声をかけていました。それから後でわかったことですが、ＯＢのほとんどにも勧誘していました。ま、それはともかく、悟りの世界をあえて言葉でいえば「クリーン、クリーン、クリーン」「ボディキャッチ」「ナウ、ナウ、ナウ」にもなるということです。

エピソード8　南無大菩薩の秘密

「禅宗は何と唱《とな》えるのですか？」

この質問を檀家さんからされると困っちゃうんです。

「はじめに」でも触れましたが、禅宗は仏名や題目を唱える宗派ではないのです。

「南無釈迦牟尼仏《なむしゃかむにぶつ》と唱えなさい」

「いやいや、何と唱えてもよい。こだわる必要はない」

「いや、唱えることはない」

禅宗の宗旨と照らし合わせてみればこれらの意見は間違いではありません。しかし、どう考えても檀家さん的にはわかりにくい解答ですね。

さて、これからの質問にスッキリと答えてくれるのが「南無大菩薩」です。

「いいですか、南無大菩薩《なむだいぼーさー》と唱えなさい」

宋淵老師はことあるごとに主張されていました。

「老師、ホントにそれでいいの?」

禅宗には称える称号《しょうごう》はないさ。青二才で頭でっかちなぼくはそう思い込んでいました。

ある日、数人の信者さんと境内地の中を歩いていたときのことでした。

「今、ここにこうして巡り会い、出会えたことに感謝して、お経を読みましょう」

宋淵老師がいわれました。付き人だったぼくは「経本なんて持っていないのにどうするのだろうか」と思ったときのことです。

「いいですか、南無大菩薩と唱えましょう」

この老師の一声で「ナムーダイボーサー」の大合掌がはじまりました。

ナムーダイボーサー、ナムーダイボーサー、ナムーダイボーサー…。

数分、南無大菩薩の合唱が山内にこだましました。

「いいですか、いつでも、どこでも合掌して南無大菩薩ですよ。

南無釈迦牟尼仏をお唱えすると、さてさて、お釈迦さまのお顔はどんなだったかなあ。そうだ四月八日のお釈迦さまの誕生仏のお顔かなあ。南無不動明王だと怒った顔、南無観世音菩薩ですとやさしい女性の顔などあれこれ思いうかべてしまいます。

姿形を思ってはいけません。こだわりますからね。

南無大菩薩には何もないのですよ」

なるほど、確かに南無大菩薩には顔がない。どんな菩薩さまなのだろうねえ、仏像辞典には登場しないから想像のしようもない。すると、老師はいわれました。

「お互いが持っている仏心《ぶっしん》が南無大菩薩なんですよ」

といわれました。

南無釈迦牟尼仏、南無不動明王、南無観世音菩薩は自分以外の所にいらっしゃる仏さまです。しかし、南無大菩薩は自分自身の仏心のことなのです。『白隠禅師坐禅和讃』の冒頭に、

衆生本来仏なり

とあります。この一行が禅宗を表現しているといわれています。ということは、南無大菩薩は「衆生本来仏なり」の別名なのです。

それから、思い出しました。老師は「ナムー」「ダイ」「ボー」「サー」と唱えながら手を四つ打っていました。つまり四拍子なのです。

ちなみに念仏はかつては「南無」「阿弥」「陀」「仏」と四拍子で唱えていたそうです。今は「南無」「阿弥」「陀仏」の三拍子、ワルツです。このリズムは静と動の両面を持っています。これに対し、日蓮の唱える題目は「南無」「妙」「法」「蓮」「華」「経」と六拍子です。特に最初の「南無」を強く唱えますから、自然と心が踊り、パワー全開になっていきます。

「ナムー」「ダイ」「ボー」「サー」

それは坐禅のようにゆっくりとした落ち着いたリズムです。つまり、唱える坐禅が「南無大菩薩」なのです。

それから、こんなことも修行僧に指導していました。

「いいですか、坐禅中、数を数えていて迷ったら、ナムーダイボーサーですよ」

入門すると新人の修行僧は坐禅をしながら、一呼吸に一回、数を数えます。

「ひとーつ」「ふたーつ」「みーっつ」

十まで数えて、また一から数えます。最初は一心にするのですが、慣れてくると、

「また数えるのか」

「一の次が二で、その次が三」

「十まで数えてまた二」

などと一呼吸の間に余計なことを考えてしまいます。

「そんなときはナムーダイボーサーなんですよ」

宋淵老師は時々、いわれました。

吸う息「ナー」「ムー」

吐く息「ダイ」「ボー」「サー」

吸う息と吐く息の割合が2対3くらいになります。坐禅では吐く息の方が吸う息よりも長いのでこのリズムは理にかなっています。

南無大菩薩は「宗旨を表現」「読める」「坐禅の呼吸になる」三拍子そろった言葉なのです。

「禅宗では何と唱えるのですか?」

この質問にぼくは個人的には「南無大菩薩」と答えたいのです。ただし、宗門の中では公認されていないのが残念です。うーん、返す返す残念。

禅宗の修行道場は現代の学校のような一定のカリキュラムを持つ教育システムとは違います。教えてもらうというよりは自分で気がつくしか方法はありません。老師の指導もある日、突然、降って湧いたようにやってきます。いきなり、大海の中にドボンと放り投げられるようなものです。老師から見れば、「親の心、子知らず」となるのでしょうね。

ちなみに中川宋淵老師（一九〇七～一九八四）、鈴木宗忠老師（一九二一～一九九〇）ともに故人です。

修行道場こぼれ話つき用語辞典

ここで、僧堂に関する用語をまとめてみました。マスターすれば、間違いなく禅宗マニアになれます。語句の解説だけではつまらないので、コメントやこぼれ話なども適当につけておきました。僧堂によって、用いられる言葉、読み方、意味や期間などに若干の相違がありますが、この点は了解してください。

まずは建物に関する言葉からいきましょう。

建物に関する言葉

僧堂の入口、山門の前に立つと身がひきしまる思いがします。背筋を伸ばして一歩、一歩、参道を歩くと俗世間とは異なる異次元の空間を感じることができます。

木々、空気、光、すべてが聖地なのです。そして、堂々と凛《りん》とした建物が目の前にひろがります。

七堂伽藍《しちどうがらん》＝禅宗の場合は仏殿《ぶつでん》、法堂《はっとう》、僧堂、庫裡《くり》、三門《さんもん》（山門）、浴室、東司《とうす》を七堂伽藍といいます。

仏殿とはいわゆる本堂のことです。法堂とは老師が講義をするお堂です。講義室、教室のことですね。ただし、七堂伽藍は宗派や時代によって相違があります。

とはいっても、七堂伽藍がそろっているのはまあ、本山です。前にもお話しましたが、本山以外に僧堂はありますが、それらの僧堂のすべてに七堂伽藍がそなわっているわけではありません。

次は僧堂に関する言葉がいくつか続きます。

僧堂《そうどう》＝僧が修行するためのいくつかの建物。または修行道場がある寺院のこと。

禅堂《ぜんどう》＝僧堂の建物の中で雲水が坐禅、睡眠をし、生活するお堂のこと。

専門道場《せんもんどうじょう》＝坐禅の修行を専門に行う場所。僧堂と同じ意味。

叢林《そうりん》＝僧堂のことですが、この名称は通のよび方です。雲水がお互いに切磋琢磨《せっさたくま》する姿を木と木が叢《むら》がり、競って天に伸びようとすることにたとえた言葉です。禅林ともいいます。

寺院の名前で禅叢寺、林光寺、林泉寺などはこの叢林に由来しています。

庫裡《くり》＝台所のこと。お寺の奥さんのことを「お庫裡さん」といいますが、僧堂は女人禁制ですので修行僧が台所に立ちます。

東司《とうす》＝トイレのこと。本堂の東側にあったことから東司となったといわれています。決められた時間以外に東司へ行く場合は先輩の雲水に、「東司、お願いします」と許可を求めます。「厠《かわや》へ行く」「御不浄《ごふじょう》をお借りする」「トイレ」どれも何となくにおいますが、「東司」はにおいがありませんね。

延寿堂《えんじゅどう》＝病気になった雲水が休む建物。病気になった修行僧のことを病僧《びょうそう》といいます。雲水だって体調を崩すことはあります。かぜをひいて寝込むこともあるのです。あまりひどいと病院へ行きます。

三黙堂《さんもくどう》＝禅堂、食堂《じきどう》、浴室の三つのお堂のこと。または、禅堂、浴室、東司のこと。諸説ありますが、この三ヵ所では私語は厳禁です。浴室で一日の疲れをいやしながら、「♪いやあ、いい湯だな」などと鼻歌を歌いたいところなのですが、歌えません。

まだまだ、方丈《ほうじょう》（本堂）、隠寮《いんりょう》（老師の部屋）など特殊な名前がついた建物が他にもありますが、これくらいにしましょう。

老師に関する言葉

老師《ろうし》＝僧堂にはまずは老師がいないとはじまりません。老師は年寄りという意味ではありません。

お釈迦さま、達磨、白隠に伝えられた法を継承者した僧侶のことです。わかりやすくいえば悟りをひらいた禅僧のことです。修行道場では雲水の指導者のことです。

指導を受けた僧侶は「老師」、あるいは親しみをこめて「老漢《ろうかん》」とよぶこともあります。それから、これは内緒のよび方ですが、修行道場の中で仲間同士、陰で、「おやっさん、今、どこにいる？」などと会話することもあります。

一般の方は「○○老師さま」とよびます。師家に対する尊称。英語では「ゼンマスター」。印可を受けた僧侶のこと。

提唱《ていしょう》＝老師が雲水に向かって行う講義のこと。講座ともいいますが、提唱の方がより専門的な言葉です。祖師の語録などを提唱します。

悟りに関する言葉

公案《こうあん》＝公案とは禅の問題集です。師匠が雲水に出題し、参禅の時間に答え合わせをします。公案で悟りに導きます。

三昧《さんまい》＝公案工夫が熟し、深く禅定《ぜんじょう》に入って、心身一如の状態になること。

印可《いんか》＝印信許可のこと。師が弟子に法を授けて、弟子が法を得て悟りをひらいたことを証明認可すること。

師資相承《ししそうじょう》＝師匠から弟子に法を伝えること。

修行僧に関する言葉

雲水《うんすい》＝修行僧のこと。雲が行くがごとく、水の流れるがごとく、一か所に止まらず、全国、いや世界中に師匠を求め歩く修行僧のこと。

かつてはこのようなことがごく普通になされていましたが、現在は一人の師匠に師事することが多く、ほとんど「行雲流水《こううんりゅうすい》」しませんが、雲水といいます。

一般の方は「雲水さん」とか、「和尚さん」などとよびます。また、各自、僧堂内では漢字二文字の名前があり、習慣で下の文字に「さん」をつけてよびます。ちなみにぼくは玄龍《げんりゅう》でしたので「龍《りゅう》さん」です。

雲衲《うんのう》＝雲水の別名。きっと、あまり知られていないよび方だと思います。衲とは「衣を繕《つくろ》う」の意味。つまり、破れ衣をつくろって着ている修行僧のこと。

ま、昔ならともかく、今は破れ衣を着て入門する修行僧はまず、いません。雲衲とはいえ、恵まれているのです。また、雲水、雲衲の複数の意味で大衆《だいしゅう》ともいいます。

新到《しんとう》＝新しく僧堂に入門してきた雲水。新米、ニューフェイスのこと。かつては「新到三年白歯《しらは》を見せず」といい、笑うことも許されませんでした。現在では三年いるとそれなりの重役ポストにつけますから、多少なりとも白歯ものぞきます。

行脚《あんぎゃ》＝広く諸国に師匠を求めて旅をすること。行雲流水に同じ。

僧堂入門に関する言葉

入門といえば、「禅宗はじめて物語」の達磨と慧可の出会いのシーンを思い出してください。慧可は入門が許されるまで雪の中でジーッとしていましたね。この故事に由来するのが、庭詰、旦過詰です。

庭詰《にわづめ》＝修行者が僧堂に入門する時に、必ず通過しなければならない検問。庫裡の大玄関で終日低頭し続け、通常、二日から三日行われます。頭に血が上りクラクラしてきますが、トイレと食事はあります。

また、「お前は邪魔だ。帰れ！」と強制的に玄関の外に追い返されてしまうこともあります。「追い出し」という習慣ですが、気分転換の意味もあります。本当に帰ってしまってはいけません。

夕方からは旦過寮《りょう》という部屋で坐禅をします。

旦過詰《たんがづめ》＝庭詰の次に待っているのが旦過詰です。旦過寮で五日間、坐禅です。庭詰、旦過詰で一週間はかかります。元祖座り込みですね。旦過詰の途中で帰ってしまう入門者もいます。

ちなみに「旦過」とは夕方に到着して朝（旦）に去るという意味です。

雲水の持物に関する言葉

網代笠《あじろがさ》＝雲水が托鉢や道中などでかぶる笠。竹を編んであります。ちなみに網代とは「網の代わり」という意味です。

衣鉢《えはつ》＝雲水にとって最も重要な持物といえば衣と鉢（食器）です。とても大切なものであることから「教えの奥義《おうぎ》」という意味も派生しました。老師が弟子に法を伝えることを「衣鉢を伝える」ともいいます。三衣一鉢《さんねいっぱつ》と同義語。

中国禅宗の祖、達磨が法を伝えた証として衣と鉄鉢を与えたことに由来しています。

涅槃金《ねはんきん》＝雲水が持ち歩く、自分の葬式代。修行半ばでの病気や不慮の死に備えたもの。現在は涅槃金を使うことはありません。しかし、かつてはかなりの雲水が僧堂で亡くなることもありました。雲水墓《うんすいばか》に葬られます。

雲水の役職に関する言葉

僧堂は集団生活です。全寮制生活ですので、それぞれ役割があります。一分でも早く、先に入門した者が先輩になります。上下関係があり、体育会系の寮生活です。

堂内《どうない》＝禅堂内に寝起きして修行する雲水のグループ。坐禅、托鉢、作務の修行に専念します。

常住《じょうじゅう》＝庫裡に寝起きし、堂内を支える雲水のグループ。食事作り、事務、老師の世話、接客などを行います。

堂内と常住は四月と十月に半年交代し、人事移動があります。

（堂内の役職）

直日《じきじつ》＝堂内のトップリーダー。禅堂の指揮、監督をする。直は「当」のことで、「一日の幹事に当る役」のこと。かつては一日交代だったといわれていますから、学校の日直《にっちょく》に近いといえば近いでしょうか。

助警《じょけい》＝直日を補佐する役。とかく、口うるさく指導するので、鬼軍曹のような役割です。

侍者《じしゃ》＝堂内の世話係。堂内茶礼《されい》や病僧の世話などをします。

（常住）

知客《しか》＝僧堂全体を取り締まる役。年間行事や月間行事、日々の日程などを決定する。

副司《ふうす》＝僧堂の会計係。本来は住職を補佐する役職（副寺《ふうじ》）の意味。

典座《てんぞ》＝台所の係。食事作りの役目ですが、禅宗では重要視する役職です。

副随《ふずい》＝会社でいえば庶務係。作務や托鉢などの具体的な段取りをします。

隠侍《いんじ》＝老師の世話役。炊事洗濯など日常の世話をする女房役。三応《さんのう》ともいいます。

老師になにをいいつけられても、「はい」のひと言です。

殿司《でんす》＝仏殿のことを司る役の意味です。時報を司る役。開静《かいじょう》の振鈴《しんれい》（起床の合図）や朝のお勤めなどをリードします。

お経の読み方に関してかなり詳しくなれる役職ですので、お山をおりて、住職となってお経を読むのには非常に役立ちます。

園頭《えんじゅ》＝田畑を管理する係。農家のおじさんと同じことをします。

役がつくと「直日さん、助警さん」などとさんづけでよびます。

新到にはこれらの役はありません。無役です。しかし、順番で浴頭《よくじゅう》といって浴室の当番が回ってきます。風呂場の掃除と風呂炊きです。

坐禅に関する言葉

僧堂の修行は日常生活すべてが修行であると考えますが、具体的には坐禅、托鉢、作務が三本柱になっています。

半跏《はんか》＝半跏趺座《ふざ》。片方の足をもう一方の股の上にのせる坐禅の坐り方。

結跏《けっか》＝結跏趺座。左右の足をそれぞれの股の上にのせる坐禅の坐り方。半跏よりも安定しますが、慣れるのにコツがあります。

摂心《せっしん》＝接心とも書きます。心を内に摂《おさ》め、調えるという意味です。年に八回程度、一週間の坐禅の集中期間があります。

特に厳しいのは十二月一日から八日までの臘八大摂心《ろうはつおおぜっしん》です。臘八の臘は歳末の意味です。大摂心は「だいせっしん」ともいう。

参禅《さんぜん》＝老師の待つ部屋に入って自分の禅について意見を述べること。入室参禅《にっしつさんぜん》ともいう。禅問答の時間です。

警策《けいさく》＝「きょうさく」ともいう。坐禅といえばこの棒がつきものですね。背中をバシバシと叩く棒。

巡警《じゅんけい》＝巡堂警省《じゅんどうけいしょう》のこと。坐禅の時、居眠り、または懈怠《けたい》（やる気のない）の僧を戒めるために、警策を持って禅堂内を巡回することです。

堂内を緊張させるために、新到を見せしめで叩くことが多々あります。

止静《しじょう》＝坐禅中、身動きをしてはいけない時間。

カチッ（柝一声《たく》）、チーン、チーン、チーン（引磬三声《いんきん》）で止静になります。

夏、ブーンと蚊が飛んできても動けません。「パチン」なんて手で叩き落としたら、日直か助警が飛んできて、警策棒で背中をバシバシバシバシと打たれてしまいます。

経行《きんひん》＝坐弾中の睡気、足の痛みや疲れをとるために行う歩行運動。禅堂の中や周辺などを巡って歩く。歩く坐禅。

夜坐《やざ》＝九時の消灯後、ひそかに禅堂を出て、本堂の濡れ縁や木の下、石の上などで自発的に坐禅することです。坐禅の復習、自主トレ。眠気との戦いです。

野狐禅《やこぜん》＝老師の認可なく自分で悟りをひらいたと思いこむこと。

托鉢に関する言葉

托鉢《たくはつ》＝別名は乞食行《こつじきぎょう》。雲水が鉢を携えて、市中に食を乞うて歩く修行。坐禅と同様に重要な修行の一つですが、雲水生活を経済的に支えているも事実です。

看板袋《かんばんぶくろ》＝托鉢のとき物を入れるために首から下げる袋。僧堂の名前が書かれている。

頭陀袋《ずだぶくろ》＝托鉢のとき物を入れるために首から下げる袋。看板袋は頭陀袋の上にかける。

集米《しゅうまい》＝托鉢で米を集めること。

遠鉢《えんぱつ》＝遠方まで托鉢に出かけること。泊まりで出かけることもあります。

大根鉢《だいこんはつ》＝三度の食事に欠かせない自家製タクアン漬けの材料となる大根を集める托鉢。

軒鉢《けんぱつ》＝一軒ずつ軒並みに托鉢をすること。

作務《さむ》＝僧堂における勤労のことです。務めを作《な》すという意味です。作務をするための服装が作務《さむ》衣《え》、作務着《ぎ》です。

鳴らし物に関する言葉

僧堂での行動の一切は鳴らし物とよばれる仏具で行います。鳴らし物には数種類あり、それぞれに決まった打ち方があります。

一回打つことを一声《いっせい》、三回は三声《さんせい》、五回は五声《ごせい》といいます。

梵鐘《ぼんしょう》＝音はゴーン。「夕やけ、小やけで日が暮れて、山のお寺の鐘《かね》がなる」の鐘のことです。明け方を知らせる鐘のことを暁鐘《ぎょうしょう》、日没を知らせる鐘を昏鐘《こんしょう》といいます。

喚鐘《かんしょう》＝音はカーン。老師の部屋へ参禅するときに鳴らす鐘。梵鐘の小さいもので、高さが六十センチ〜七十五センチくらい。

禅堂で坐禅する雲水に参禅の合図を知らせるには五声。また、参禅するときに各自が二声、打ちます。カーン、カーン。

この打ち方や歩き方の音で老師は誰がどのような状態にあるのか見抜くといわれています。

木板《もくはん》＝コン、コン、コン…。木でできた板、板《はん》のこと。禅堂の前門に設置されている。夜明けと日没に板を打って、時を告げます。これを開板《かいはん》といいます。

木板には次のように書かれています。

謹白大衆　（謹《つつし》んで大衆《だいしゅう》に白《もう》す）

生死事大　（生死《しょうじ》は事大《じだい》にして）
無常迅速　（無常《むじょう》は迅速《じんそく》なり）
各宜醒覚　（各々《おのおの》宜《よろ》しく醒覚《せいかく》すべし）
慎勿放逸　（慎《つつし》んで放逸《ほういつ》すること勿《な》かれ）

現代語訳してみましょう。

大衆（雲水たち）よ
生死をあきらかにするのは大切なことだ
みんな、悟れよ
怠けることなくはげめ

といった内容のことです。

柝《たく》＝音はカチッ。拍子木《ひょうしぎ》のこと。大相撲中継でよび出しが使っていますね。二本の角材です。大小の二種類があります。小は堂内で坐禅の合図、大は常住で食事や開浴《かいよく》（入浴）のときに用います。

振鈴《しんれい》＝チリ、チリ、チリ…。起床の時刻を知らせるのに用いる鈴。

堂内はこの振鈴によって起床しますが、振鈴を振る係は目覚ましで起きます。寝坊することは許されませんのでプレッシャーがかかります。

引磬《いんきん》＝チーン。直日《じきじつ》が大衆の行動を指示するのに用います。お寺の住職になっても、よく用いる鳴らし物です

雲版《うんぱん》＝カーン。雲の形に鋳付けた青銅板で、庫裡にあり、堂内に粥座《しゅくざ》（朝食）と斎座《さいざ》（昼食）を知らせる鳴らし物。薬石《やくせき》（夕食）は、雲版の代りに柝を用います。

堂内で坐禅をしていると、この音が待ちどおしいものです。

雲水の生活に関する言葉

安居《あんご》＝修行期間のこと。一年を雨安居《うあんご》（四月～九月）と雪安居《せつあんご》（十月～三月）の二期に分けています。

お釈迦さまの時代、雨期の間、虫などの殺生を避けるために一か所に止まったことを安居といいました。

同夏《どうげ》＝同期の雲水のこと。雨安居、雪安居をそれぞれ一夏《いちげ》とカウントすることに由来しています。

僧堂生活で唯一、愚痴をこぼし合える相手です。

開静《かいじょう》＝起床のこと。静けさをひらくということですね。

開浴《かいよく》＝浴室をひらいて入浴すること。

開枕《かいちん》＝布団を敷いて眠ること。開被安枕《かいひあんちん》の略語。被は布団のことで、布団をひらいて、枕を安置することの意味。

単《たん》＝禅堂の中で雲水が坐る席のこと。

安単《あんたん》＝自分の坐禅する場所に着座すること。

高単《こうたん》＝古参の雲水のこと。

検単《けんたん》＝老師または直日が堂内を一巡して、坐禅の様子を点検すること。

単蒲団《たんぶとん》＝禅堂内で坐禅に使う座布団。かってはこの布団に包まって就寝した時代もありました。柏餅《かしわもち》のようにくるまって寝るところから「柏蒲団《かしわぶとん》」ともいいました。

祝聖《しゅくしん》＝毎月一日と十五日に天皇の聖寿無窮《せいじゅむきゅう》を祝祷《しゅくとう》し、特別のお経を読む日のこと。この日の朝食は小豆粥《あずきがゆ》となります。

四九日《しくにち》＝四と九のつく日。四日、十四日、二四日、九日、十九日、二十九日。この日には剃髪《ていはつ》をします。また、原則、開浴もこの日です。

頭はシックのカミソリで剃ることもあります。いい、しくにちに剃るから「シック」です（うそです）。

大四九《おおしく》＝十四日と晦日《みそか》（月の最後の日）のこと。この日は雲水にとって楽しみな日。この日だけは特別に起床が遅いのです。「寝忘れ《ねわす》」といいます。それから、午後は私用外出することもできます。

行住坐臥《ぎょうじゅうざが》＝行・住・坐・臥の四威儀《いぎ》のことですが、日常の立居振舞《たちいふるまい》すべてのこと。「立っても坐っても」「いつも」のこと。

お経に関する言葉

出頭《しゅっとう》＝読経、行事・儀式などで本堂に出席すること。
朝課《ちょうか》＝朝の読経、諷経《ふぎん》のこと。
晩課《ばんか》＝夕刻の読経、諷経のこと。
行道《ぎょうどう》＝通常はお経は坐って読みますが、本堂内を歩きながらお経を読むこともあります。
看経《かんきん》＝お経を黙読、または経を低声で読むこと。

修行道場の仏さま

禅宗はある特定の仏さまを本尊さまのみにすることはありませんが、僧堂内には次のような仏さまをおまつりしています。

聖僧《しょうそう》＝禅堂の中央にまつる仏像のことです。通常、文殊菩薩《もんじゅぼさつ》を安置します。文殊は般若の智慧、悟りを象徴していることが多く、僧形《そうぎょう》文殊とよばれています。

韋駄天《いだてん》＝禅堂の伽藍を守る守護神。お釈迦さまの遺骨が盗まれそうになったとき、快足を生かして取り戻したという伝説があります。早く走ることを「韋駄天走《ばし》り」といいます。

烏枢沙摩明王《うすさまみょうおう》＝東司《とうす》（トイレ）の護り神です。不浄を清浄にする徳をもつ神です。

お茶に関する言葉

茶礼《されい》＝儀礼として茶を飲むこと。堂内では朝夕二回の茶礼がありますが、点呼の意味もあります。夕の茶礼はお菓子つきです。ぼくの僧堂ではアンパン、クリームパン、メロンパンなどが日替わりで出ました。半分でしたが、これは大きな楽しみでした。

総茶礼《そうざれい》＝雲水が全員で茶礼を行うこと。

梅湯茶礼《ばいとうざれい》＝梅湯とは梅干しを煮出して、砂糖で甘味を加えたもの。朝課（朝のお勤め）の終った後、堂内で行われます。甘酸っぱく、眠気が覚めます。

食事に関する言葉

典座《てんぞ》＝台所の係。常住の役職の一つ。

食堂《じきどう》＝食堂のこと。
持鉢《じはつ》＝各自の所持する食器。正しくは応量器《おうりょうき》という。五枚一組で重ねあわせて収納できるようになっている。
粥座《しゅくざ》＝午前六時の朝食。メニューはお粥に梅干し、タクアン。副菜で金山寺みそなどがつきます。
斎座《さいざ》＝十一時の昼食。ごはんにみそ汁、野菜の煮つけなどの一汁一菜です。
薬石《やくせき》＝午後四時の夕食。一日の残りものでできた雑炊。
飯台《はんだい》＝食事に用いる台。テーブル。
飯台看《はんだいかん》＝食事の給仕当番。ほとんど新人の役目。独特の給仕作法があり、最初は緊張しますよ。
二番座《にばんざ》＝堂内の一番座の後に典座や飯台看が食べる食事のこと。お粥やみそ汁、雑炊などは冷めきっていることが多い。
飯器《はんき》＝飯を入れて供給する器。おひつのこと。粥座の粥も入れます。
菜器《さいき》＝タクアンなどの漬けものを入れて供給する器。
汁器《じゅうき》＝みそ汁やすまし汁を入れて供給する器。
生飯《さば》＝食前に、少量の食をとって餓鬼に施すこと。粥《かゆ》やご飯は七粒、麺は一寸以下、餅は手の爪くらいの大きさです。箸を用いて飯をとり、左掌の上で三巡して飯台の上に置いて供えます。

生飯器《さばき》＝飯台の上に置かれた生飯を取り集める器。

順《じゅん》**つぎ**＝食事のとき、飯、汁、湯などのおかわりをつぐこと。おかわりできるんです。

折水器《せっすいき》＝梅干しの種など食事の残り物、残り水を捨てる器。正しくは持鉢を洗った残りの湯を棄てる器のことです。半分を飲み、半分を棄てるために折水といいます。

洗鉢《せんぱつ》＝食事が終って鉢を洗うこと。

うどん供養《くよう》＝昼食にうどんが登場することもあります。うどん供養、うどん日ともいいます。食事のときは一切音をたててはいけないルールなのですが、このうどんをする「ズズズズズズッ」「ズルルルッ」という音だけは例外的に許されています。

点心《てんじん》＝簡単な食事、またはその食物のこと。食事を心胸（腹）に点ずる（入れる）の意味です。

点心場《てんじんば》＝托鉢の休息などで食事を供養してくれる信者さんの家のこと。

さすがに、ちょっと飽きてきましたか？　あと、三つで終了しましょう。

暫暇《ざんか》＝休暇をもらうこと。ただし、僧堂を出るときも暫暇という。修行に卒業はないのです。

ぼくも一応、暫暇中です。

二便往来《にべんおうらい》＝二便（大小便）のために東司へ行くこと。東司はおわかりですよね。トイレのことです。よかったら二便往来してください。

小憩《しょうけい》＝一休み。小休止《しょうきゅうし》ともいいます。小憩しましょう。

ブレイクタイム

禅宗を知る言葉探しの問題

お釈迦さまは修行の方法についていわれました。

「琴の糸を張るようなものだよ。もちろん、たるんでいては音はまったく出ない。しかしね、がんばっています、がんばっていますとがむしゃらにやってもいけないなあ。張り過ぎた糸はプッツンと切れてしまうものなのさ」

というわけで、あまりマニアックな方向へ行かないように視点を変えてみましょう。ブレイクタイムです。

修行道場にだってブレイクタイムはあります。茶礼《されい》といって、お茶にお菓子が出てきます。コーヒーを飲むこともあります。この手のネタはそれなりにありますよ。全部お話したいのはやまやまなのですが…、
やまやま?

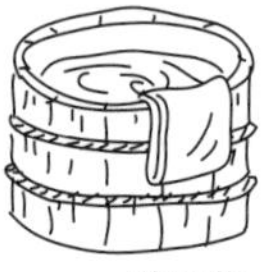
洗い桶

そういえば「やまやま」は漢字で「山山」と書きます。「できれば、そのように願っている」というような言葉ですが、「多い」という意味もあります。その「山山」とはお寺のことです。昔、お寺は山の中に建てられました。比叡山延暦寺、高野山金剛峯寺など、お寺の名前に「〜山」がついていることからわかるように、お寺のことを「お山」ともいいました。延暦寺や金剛峯寺には数多くのお寺がありましたので、「お寺お寺」のことが「山山」となったのです。

そうだ、「やまやま」のように日常の言葉の中にまぎれこんでいる言葉を紹介してみましょう。もちろん、禅宗に縁のあることです。そこで問題です。

〈質問1〉

次の文章を読んで、禅宗に関することを三つ探しなさい。

ピンポーン。
玄関でチャイムが鳴りました。誰かきたようです。
「こんにちは、今日はいい天気だねえ」
「こんにちは」

挨拶をかわしたのは檀家の石井さんです。

「どうぞ、たまにはお茶でもどうですか」

「うん、ちょっと上がらせてもらおうかな」


どこの家でも見かける光景ですよね。

「えっ、この中のどこに禅宗に関することがあるの？」

と不思議に思う人がほとんどだと思いますが、実は禅語が二つと、それに関することが一つ含まれています。

その1。最初は「玄関」です。玄関は家の入り口のことです。玄関のない家はありません。しかし、玄関には「禅の教えの入り口」という意味があります。

文字を分解してみましょう。「玄」は「仏教の奥深い教え、禅の教え」、「関」は「関門、入り口」です。したがって、玄関とは、

「よし、禅の道に進もう」

と師匠の門を叩くことだったのです。具体的には修行ができる禅宗の本堂などの建物の入り口を指すようにもなります。そして、日本の禅宗の建築様式が他の宗派にも取り入れられるように

なり、玄関が設けられるようになり、さらに、一般の家の入り口のことも、玄関とよばれるようになったのです。

このように玄関という言葉の中に大切な意味があることがわかると、次からは意識して玄関をよく見ることになりますよねえ。

「あら、履き物が乱れているわ」

「こんな所に汚れがあるわ」

ちょっと、心を配ってみましょう。玄関を調え終えた主婦からこんな声が聞こえてきました。

「志を持った者が入門を許されて入る所が玄関よね」

「夜、遅くまで飲んで帰る亭主は、玄関から入ることは許しません」

さて、解答の2番。それは挨拶です。

「おはよう」

「こんにちは」

「さようなら」

これらのセリフは日常でごく普通にかわされる挨拶です。しかし、挨拶には「修行僧と師匠である老師の間でなされる問答」という意味があります。

「挨」には「ひらく・おす・せまる・近づく」、「拶」にも同じく「せまる・近づく」という意味があり、わかりやすくいえば禅問答のやりとりのことです。たとえば、

修行僧「仏とは何か！　禅とは何か！」

老師「そう問う者は、何者だ」

といった真剣勝負のことです。この問答の場合は真っ向から核心に迫っていますが、

老師「おい、朝ご飯食べたか？」

修行僧「はい」

老師「食器は洗ったか？」

修行僧「はい」

といった、日常のやりとりも禅問答です。

こうして、挨拶は、

「まあ、お久しぶり、お元気?」

「ほんと、お会いできて、うれしいわ」

などと人と人とが出会ったときや、別れるときなどにかわす言葉や動作を指す言葉として変化していきます。また、

老師「おい」
修行僧「はい」

このように一見、禅問答とは思えないような日常会話の中にも禅の重要な教えが入っています。老師は日常会話で弟子の力量を計っているのです。同じように、日頃、誰でもがかわす挨拶で相手に対する敬意や親愛の意を表現することはできますし、対人関係や社会生活を円滑にすることもできます。


挨拶の一言で相手の心の琴線《きんせん》に触れることができるのです。一方、挨拶がないと、

「あいつ、挨拶もないのか。後で、ご挨拶(仕返し)にいくか」

なんてことになりかねませんね。

さて、三番目の答えは「お茶」です。

お茶は鎌倉時代の初期、臨済宗を中国（宋《そう》）から日本に伝えた栄西《えいさい》（一二一五年没）によって、もたらされました。

栄西は当時の宋の新しいお茶の種と新しい飲み方である抹茶法を持ち帰り、坐禅の修行を妨げる眠気を避ける封じ薬として用いていました。一方で、

「お茶は長寿の秘薬だよ」

と、お茶の栽培、製造、普及につとめました。

こうして、お茶は禅宗だけではなく、日本国中に広がっていきました。また、栄西のお茶を薦める著作『喫茶養生記《きっさようじょうき》』にあるように、「お茶を飲むこと」を「喫茶」といいます。

「ねえ、ちょっと、お茶しない」

「そうだなあ、喫茶店に寄ろうか」

こんな会話のルーツは禅宗にあるのです。

以上、「玄関」「挨拶」「お茶」が解答でした。とまあ、ご挨拶をかねてお話しました。

「あまりにも日常すぎて、禅からかけ離れた用例ではないか」

と指摘する人もいるかもしれません。しかし、これら言葉が象徴しているように禅には特別なことは何一つとしてありません。

さらにもう一問、日常の中に溶け込んだ禅宗に関する言葉を紹介してみましょう。


〈質問2〉

次の時代劇の一シーンを読んで、禅宗に関することを三つ探しなさい。


村はずれのお堂の中で、渡世人二人がひそひそ話をしていた。

「兄き、もう、足を洗いましょうよ」

「おい、両替屋の娘をたぶらかして小判の枚数、サバを読んでごまかしたのはお前だぞ」

「しかし、捕まったら何もかもおしまいですよ。だから、さあ」

「よし、わかった。もう、ごたごたいうな」

該当しそうな語句が少ないので、いくつか怪しい言葉の見当はつきますよね。

そうです、まずは「足を洗う」です。今日でも「泥棒やスリ、銀行強盗、詐欺などから足を洗う」といいますね。悪行をやめることが「足を洗う」です。ただし、ごく一般的な職業を退職するときは「足を洗う」とはいいません。足を洗う前は悪い仕事、洗った後は堅気《かたぎ》になることです。

さて、「足を洗う」の由来です。昔、インドの托鉢僧は裸足で托鉢をして歩いていました。お寺にもどると足を洗ってから寺の建物の中で修行する習慣がありました。

確かに外を歩いて足が汚れたため、足を洗うのですが、単に汚れを落とすだけではなく、俗世間から離れ、修行の場所に身を置くため、浄めの意味もあったようです。托鉢する世界を迷いの世界、お寺の中を悟りの世界と区別していたためです。

托鉢という修行は禅宗以外の宗派にもありますが、現在、修行の重要科目としているのは禅宗です。ただし、日本の修行僧はアスファルトの道も歩くため、はだしではなく草鞋をはきます。

今では桶に水を入れて、足を洗うという光景は修行道場の他にはほとんどありませんが、テレビでは次のようなシーンをみかけますね。

黄門《こうもん》さまと助さん、格さんがようやく宿にたどりついたのは夜のことだった。

「お帰りなさい。いらっしゃいませ」

出てきた宿の奉公人は三人がすでにどこかで一杯飲んできたことにちょっと呆れ顔だったが、すぐに足を洗う桶と雑巾を持ってきた。三人は足を洗うと、座敷にあがった。座敷では待ちかねたお銀が一人でごろごろしていた。


水戸黄門などの時代劇の旅籠《はたご》の玄関先の様子です。

それから、悪行をやめるときは「足を洗う」ですが、その手の世界に踏み入ることを「手を染める」といいます。こちらの語源は染物屋です。一日中、染めの作業をした後、どんなに手を洗っても手についた色が消えないところからきています。

手から入り、足に抜けるのです。でもねえ、「手を染める」も「足を洗う」も元々は悪事に限ったことではないのになあ。

そうそう、「足を洗う」は英語では、「wash one's hands」といいます。「wash」は「洗う」、「hand」は「手」、「手を洗う」が「足を洗う」なのです。

二番目は「サバを読む」、「数をごまかして数える」です。このサバには諸説あります。魚の鯖は痛みやすいため早口で数えられ、実際の数とは違って、いい加減に数を数えることから「鯖を読む」となったという説が有力です。しかし、修行道場の食事の時の作法「生飯《さば》」に由来するという説もあります。生飯とは朝はお粥、昼はごはんを七粒程度、供養する作法です。

では、なぜ、生飯、つまり、ごはん粒が「数をうまくごまかす」となったのでしょうか。

生飯は修行道場の生飯ではなく、寿司屋のごはん粒に変化していました。寿司屋の勘定方法に握った数だけごはん粒をつけておくということがありました。このごはん粒をうまくごまかして勘定することから、「生飯を読む」となったといわれています。

二つ目は難しかったですね。それでは三つ目の解答はといいますと「ごたごたする」です。

鎌倉時代のことです。幕府の五代執権《しっけん》、北条時頼《ほうじょうときより》（一二六三年没）は禅宗に帰依し、兀菴《ごったん》禅師に師事し、悟りをひらきます。しかし、兀菴の話は理屈っぽく、わかりにくかったということです。そこで、わけのわからないような話し方のことを、

「兀菴さんのようだ」

「兀菴兀菴する」

というようになったそうです。これが「ごたごたする」「ごたつく」「ごった返す」の語源とな

り、「もめること」「混雑すること」として変化していきます。

他に人の名前がそのまま言葉になった例としては、「武田信玄《たけだしんげん》の軍師、山本勘助《やまもとかんすけ》の予測がヤマカン」なんていう言葉もありますが、その手の話は別の機会にしましょう。

〈質問3〉

次の社員の会話の中から禅語を三つ探しなさい。

社員二人が昼休みにこんな会話をしていました。

「今回のプロジェクトは大きいぞ」

「そうだよなあ、ボーナスどころか出世がかかっているよな」

「失敗すれば人事異動か」

「うーん、それだけにかなりの工夫が必要だなあ」

漢字が少ないので答えが見え見えですね。まずは「出世」です。「あの人、出世したね」といえば会社でポストが上がったことや、社会的な地位が向上したことをいいますね。しかし、仏教語としては「出世間《しゅっせけん》」の略が「出世」です。「世間」を「出る」ことですから、出家することです。それから「教えを説くために世に出る」という意味もあります。また、禅語としては「大きな寺院の住職になること」を「出世したなあ」といったそうです。

二つめの答えは「人事」です。「会社や組織における地位や職務、能力のこと」が人事です。しかし、僧堂における「慶弔の挨拶」や「盆、暮れの贈り物」のことを人事といいました。

三つ目は「工夫」です。「工夫」とは「いろいろ考えて、よい方法や手段にすること」です。しかし、禅宗では「修行に励むこと」「よい方法や手段で修行すること」をいいます。

ジッとしている坐禅に励むことを「静中《せいちゅう》の工夫」、作務や托鉢といった体を動かす修行を一心にすることを「動中《どうちゅう》の工夫」といいます。また、「動中の工夫は静中の工夫にまさること百千倍」ともいいます。日常生活そのものが修行であるということです。

段々とお説教じみてきましたから、ブレイクタイムはこれにて終了。

第7章

現代ザゼン道場

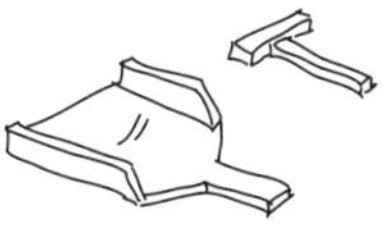

生飯器（さばき）

テーマその1　坐る

「僧堂へ行かないと禅宗の修行はできないの？」

専門的、本格的にするのなら出家するしかありません。

「仕事も妻子も捨てては出家できないよなあ」

という方でも、期間を設けて受け入れてくれる僧堂はいくつかあります。ただし、正味一週間の摂心の場合は前後で九日間の泊まり込みになります。

「そんなに時間はないなあ。それに厳しそうだし」

と思われる方は坐禅会をひらいている近所の寺院を探してみましょう。それなりにありますよ。

「いやあ、そんな時間も場所もないぞ」

という方には〝現代ザゼン道場〟です。

「何それ？　聞き慣れない言葉よ」

「もっと、かっこいい名前がなかったの？　なんとかザゼン・セラピーとか、スピチュアル・ゼンセンターとか」

ま、ネーミングの通り、現代人の日常におけるザゼン道場です。坐禅ではなくザゼンと表記してみました。基本的に坐禅は室内でするものなのですが、ザゼンには時間と場所を選ばず、簡単にという意味があります。

禅の修行道場へ行けないのなら､日常生活そのものを修行道場と考えてみようという発想です。僧堂での修行の柱は坐禅、托鉢、作務でしたね。日常ザゼン道場の主要科目はザゼンと日常生活です。

まあ、考えてみればこの世に生きていること自体が修行だといえます。

日常生活における禅のテーマはいろいろありますが、今回は「坐る」「観る」「工夫」の三ポイントに絞ってみます。

おうち坐禅をしましょう

現代ザゼン道場の第一テーマ「坐る」は、やはり坐禅です。

「わざわざ出かけるのはねえ」

「やっぱり、足が痛そう」

「ビシーッ、と背中を叩かれそう」

と面倒でつらいイメージがつきものです。

しかし、ご安心、おうち坐禅は思いたったときに気楽にできる坐禅です。足を組まない方法もあります。

必要なのは「時間」です。慌ただしい日々の中、少しだけ時間を止めてみましょう。

よーく考えてみてください。自分自身のために時間を使い、自分と向かいあうことは案外していないものです。

最初にキャッチコピーを紹介します。

「静かな時間を作り、おうち坐禅をしましょう。イライラするとき、緊張してしまったとき、ストレスがたまったとき実践してみましょう。頭も心もスッキリおうち坐禅。呼吸を通して心と体を結びましょう。坐禅にはキレイのパワーがいっぱい」

たったの3分の坐禅でも環境を調えて集中すると、ふだんは耳に入らなかった鳥のさえずり、風の音、車の音、季節ごと違う空気のにおいなどに気がつきますよ。

こうして、心がほぐれてくると、それまでとらわれていた悩みがふっと軽くなり、自分を生かしてくれている自然や社会、かかわりのある人々への感謝の気持が芽生えてきます。

さらに坐禅には集中力を高める、姿勢をよくする、所作が美しくなるなど、うれしい効果もあります。

それではじめてみましょう。

おうち坐禅をはじめる前に

《坐禅場所を掃除》

まずは坐禅をする環境を自分の手できちんと調えましょう。坐る場所の周辺をスッキリと片づけましょう。

《ラフな格好で》

ゆったりとした部屋着がベスト。時計やアクセサリーをはずして、体を自然な状態に近づけましょう。そうそう、ソックスも脱ぎましょう。

《部屋の音をなくしましょう》

テレビ、ＢＧＭは集中力を妨げますから消しましょう。携帯も切りましょう。室温は「暑からず、寒からず」の状態にしましょう。

《座布団か硬めのクッションを用意》

僧堂の雲水は坐禅専用の座布団を持っています。おうち坐禅では座布団を二枚用意しましょう。

一枚はそのまま床に敷き、もう一枚は二つ折りにします。硬めのクッションでもいいですよ。背筋が伸びて、おしりが七〜八センチ盛り上がり、傾斜ができればOKです。

《体調の悪いときはやめましょう》

食べすぎたとき、飲みすぎたとき、体調のすぐれないときはやめましょう。調子の悪いときは、横になってできる「寝ながら坐禅」でリラックスしましょう。

精神をリラックスさせるひと呼吸

坐禅はわたしたちがポジティブになれる基盤です。何かあったとき、自分にとっての軸を上手に立て直す時間を提供してくれます。

以下、イラストを参照しながら見てください。

①合掌して礼＝座布団の前に立って合掌。そして礼をします。この時点から別の空間に入るのです。僧堂の山門をくぐったという意識を持ちましょう。

②坐って足を組む＝まずは用意した座布団に正座し、背筋を伸ばします。それから一度、あぐらの状態にします。それから左右、どちらかの足を反対の太ももの上にのせましょう。たとえば、右足の踵《かかと》が左足の付け根にのるような感じです。プロはさらに反対の足ものせますが、無理のな

いように。どうしてもだめな方はあぐらでもいいです。

③手に印《いん》を組む＝法界定印《ほっかいじょういん》、または白隠流の印を組みます。楽な方を選択してください。

④体を揺《ゆ》らし、重心を定める＝足を組みながら背筋を伸ばすことは慣れないとなかなかできません。そこで、「足を組む」「両膝を座布団につける」「腰骨を立て、背筋を伸ばす」「下腹部だけをほんの少し前に出す」。ここまでを一つ一つやってみましょう。そして、体の余計な力を抜くために次のことをします。

「体を左右にゆっくり振って重心をとる」「前後にゆっくり振って重心をとる」。振り子のようにゆらゆらと体を揺らしながら､肩や首の緊張をほぐしていきます。そして揺れの幅を小さくし、体の中心を定めます。これを揺振《ようしん》といいます。

⑤視線を定める＝あごをかるく引き、目は一度正面を見ます。それから2メートルくらい先に視線を落とします。すると、自然とまぶたが半分くらい閉じた状態になります。これを半眼《はんがん》といいます。最初は集中しにくいので、ろうそくを置いて､その炎を見つめてみましょう。お香のサポートも効果的です。

香りのよい空間だと気持ちの切り替えがグッとスムーズになります。古風に迫るなら白檀《びゃくだん》、沈《じん》香《こう》、森林浴気分なら「ひのき」、神秘的な気分を味わうのならラベンダーです。

おうち坐禅

1 合掌して礼
修行道場に
入る気持ち
2 坐って足を組む
正座をする
↓
あぐらにする
↓
足を組む
左右どちらかの
足をのせる
3 手に印を結ぶ
法界定印
卵を包むような気持ち
または白隠流

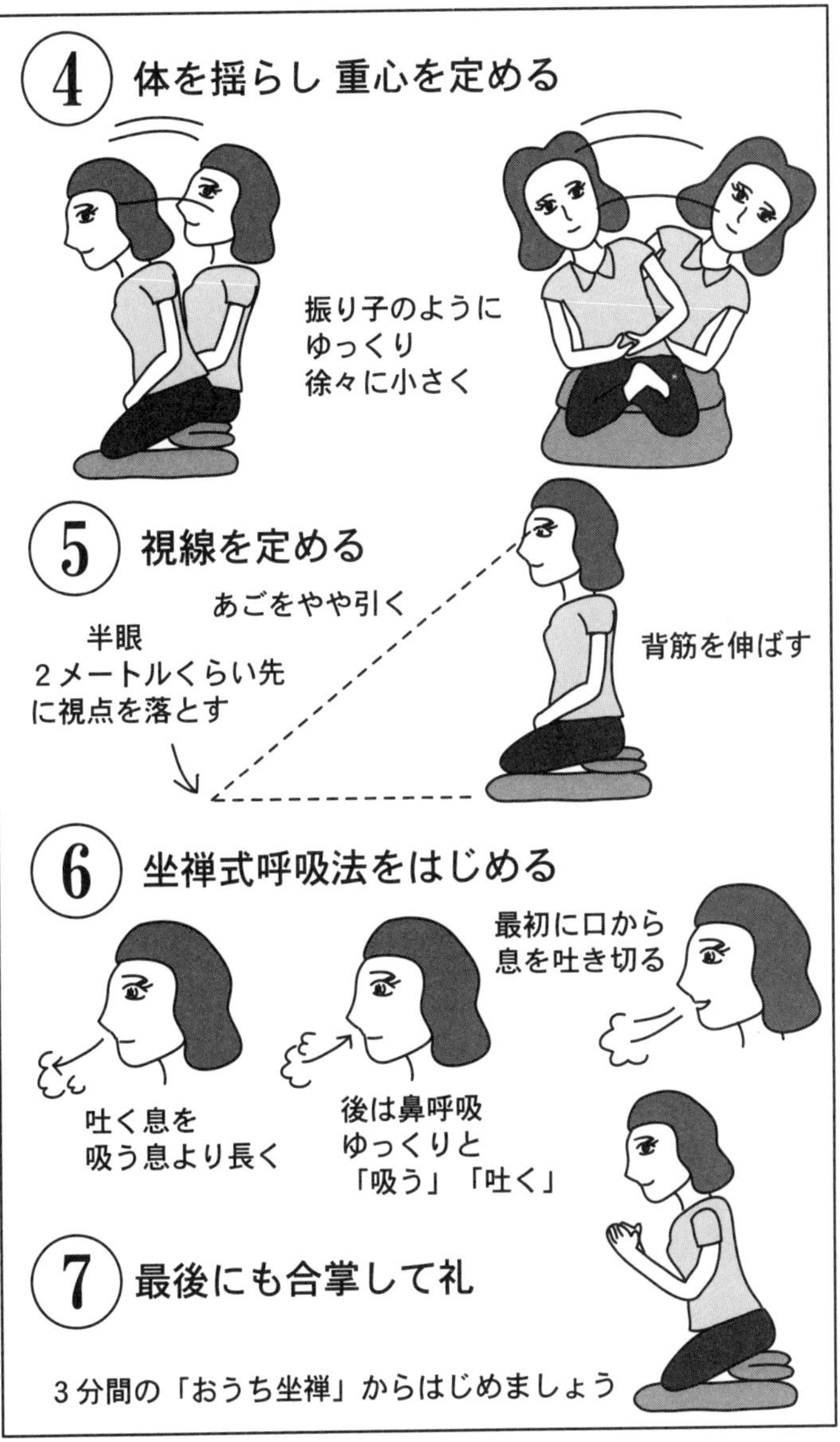
④ 体を揺らし 重心を定める
振り子のように
ゆっくり
徐々に小さく
⑤ 視線を定める
あごをやや引く
半眼
2メートルくらい先
に視点を落とす
背筋を伸ばす
⑥ 坐禅式呼吸法をはじめる
最初に口から
息を吐き切る
吐く息を
吸う息より長く
後は鼻呼吸
ゆっくりと
「吸う」「吐く」
⑦ 最後にも合掌して礼
3分間の「おうち坐禅」からはじめましょう

⑥坐禅式呼吸法をはじめる＝姿勢が定まったら、いよいよ呼吸です。

（ステップ1）口呼吸は一回

最初は深呼吸のように一呼吸します。試しに一呼吸どうぞ。

はい、だめです。通常、深呼吸といいますと吸ってから吐《は》きますね。欲ばりの人は呼吸も吸うことからはじめるのです。

ま、それはともかく、最初に吐きます。肺にあるすべての空気をすべて吐き出してしまうようなつもりで、吐きましょう。これ以上、吐けないぞというまで吐きましょう。

ゆっくりと吐いて！　吐いて！　吐いて！　もっと吐いて。

吐ききると、あとは吸うしかありません。

ゆっくり吸いましょう。この時の息の出し入れのポイントをおへその下三センチくらいに定めます。この位置を丹田《たんでん》といい、丹田呼吸といいます。坐禅は胸でする胸《きょう》式呼吸ではなく腹式《ふくしき》呼吸なのです。

（ステップ2）後は鼻呼吸

一呼吸の後は「吐く」「吸う」の鼻呼吸となります。吐く息を長く、吸う息を短く、だいたい二対一くらいの間隔です。

牛が「モーッ」と鳴くように長ーく、限界まで吐いたら、一、二秒息を止め、再び吸って一、二秒止めます。吐くときは下腹がへこみ、吸うとふくらみます。

一呼吸、一呼吸はできるだけゆっくりとするのですが、個人差がありますし、自分の呼吸のリズムをつかむまでは、ちょっと訓練が必要です。最初は「吐く」「吸う」のリズムを短めで設定し、少しづつ長くしていきましょう。

（ステップ3）数を数える

余計なことを考えないために吐く息に合わせ、心の中で「ひとーつー」「ふたーつー」と数を数えてみましょう。

⑦最後にも合掌と礼＝坐禅の終わりにも、合掌と礼を行います。足を解き、正座にもどって終了です。

ね、おうち坐禅なら無理がないでしょう。朝、昼、夜、どの時間に坐禅を行うかはその人次第です。自分が実践しやすい時間を選びましょう。

一日をさわやかにはじめたいなら朝。

昼の活力アップをねらうなら昼休み。

一日を振り返るなら夜。
次の言葉を頼りに一座《いちざ》してみましょう。

ほんの少しの時間、テレビを消してみましょう。
音楽が流れていたら消してみましょう。
静かに、静かに、静かに。
そして、背中を丸めずに伸ばし、姿勢を正してみましょう。
一度、大きく息をしましょう。
ダメダメ、最初に吸ってはいけません。
吐きましょう。口から息をスッーと吐いてみましょう。
吐いて、吐いて、吐いて…。
そして、ゆっくりと鼻から息を吸いましょう。
さらにゆっくりと、ゆっくりと息を吐いてみましょう。
そうそう、吐く息をゆっくりとね。
くりかえしましょう。

もう一度、くりかえしましょう。
また、くりかえしましょう。
こうして、静かに静かに呼吸をしていると、
心の中にもう一人の自分がいることに気がつきませんか。
今、呼吸をしている自分を見ているもう一人の自分です。
それは「いのち」です。本当の自分です。
このいのちは仏さまからわたしたちにプレゼントしていただいた宝ものです。

この宝ものである「いのち」はわたしたちをはげましてくれます。
うれしかったこと楽しかったことがあれば一緒によろこんでくれます。
悲しいことがあれば、一緒に悲しんでくれます。
つらいことがあれば、「がんばれ、がんばれ」とはげましてくれます。
おこりたいことがあれば「まて、まて、がまん、がまん」と止めてくれます。
だから、時々静かにして、呼吸を調《ととの》えて、
宝ものである「いのち」の声を聞きましょう。

この宝ものはみんなが1つ持っています。
この宝ものは目に見ることはできませんが、みな同じです。
宝ものは大切なものですね。
だから、ほかの人の宝ものも自分の宝ものと同じように大切にしましょう。
顔や身長、体重はみな、ちがいますが、
自分と同じ宝ものを持っているすべての人を大切にしていきましょう。

大切なことは続けることです。毎日三分でもいいから。習慣にしましょう。

「ウルトラマンのカラータイマー坐禅だね」

いえいえ、たとえ三分でも、継続することで深く自分を見ることができるようになります。

かの一休さんもいっています。「一寸《いっすん》坐れば一寸の仏」。一寸は「ちょっと」とも読みますが、
ちょっとだけ坐ってもその姿は仏なのです。

おうち坐禅別バージョン

最初にお話ししましたが、おうち坐禅には足を組まないスタイルもあります。

《椅子坐禅》

足を組むのが難しいときはもちろん、家の中でも外出先でも思い立ったときにできるのが椅子坐禅です。足は組みませんが、ほかの手順はおうち坐禅に同じです。

集中力が途絶えたとき、会議の前などに気持を落ち着けたいとき、電車やバスの中でも実践できます。

《寝ながら坐禅》

足が組めない、または組みたくない、椅子坐禅もちょっとというときは寝ながら坐禅です。

ストレスなどが原因で神経が高ぶって眠れないとき、疲れがたまって横になりたいときなどにおすすめ。

（ステップ1）＝合掌して礼をしてから、ふとんにあおむけに横たわる。

（ステップ2）＝左右の手をかるく握って、腰の近くへ。両足はかるくひらいて伸ばします。

（ステップ3）＝目は天井を見つめ、あとは坐禅式呼吸をはじめます。

呼吸をしながら、リラックスしているシーンを思い浮かべるのもいいですよ。たとえば温泉につかっているとか、森林の中を歩いているとか。

（ステップ4）＝起き上がる場合は合掌して礼をして終了します。そのまま寝てしまってもかまいません。

「おそと坐禅」もあります

禅宗の坐禅といえば禅堂の中でジーッとしているイメージがあります。しかし、夜坐《やざ》の場合は本堂の縁側、大きめの石の上、木の下などで坐ることもあります。また、白隠の弟子は海岸で坐禅をしていたという例もあります。

自然の中でより深いリラックスができます。坐禅はどこでしてもいいのです。山や川、渓谷などで坐るのは格別な雰囲気があります。外でできる坐禅ですから「おそと坐禅」です。

それから、人を待っているとき、電車やバスで立っているときもできますよ。おそと坐禅の応用も紹介しましょう。

《立ち坐禅》
（ステップ1）＝首や肩の力を抜いてリラックスする。背筋を伸ばす。
（ステップ2）＝坐禅式呼吸法を行う。

"おそと坐禅"
人を待っている時
電車やバスで立っている時
首や肩の力を抜く
坐禅の呼吸法を行う

《一呼吸坐禅》

どうしても忙しいときは一呼吸坐禅です。

（ステップ1）＝首や肩の力を抜いてリラックスする。背筋を伸ばす。

（ステップ2）＝最初に大きく息を捨て、一呼吸のみ坐禅式呼吸法を行う。

坐禅のポイントは呼吸法

坐禅式呼吸法をマスターすればおうち坐禅はマスターしたのも同然です。呼吸のリズムは人によって違いますから、自分なりにみつけてみましょう。

坐禅式呼吸法とは腹式呼吸・丹田呼吸のことですが、この呼吸法は最新の脳科学でも注目されています。

規則的に腹筋が収縮し、横隔膜《おうかくまく》が動くリズミカルな刺激によって、脳のセロトニン神経が活性化、脳からは α《アルファー》 波が発生し、リラックスしながらも静かに集中できている状態になります。セロトニンは自律神経のバランスを調えたり、感情の浮き沈みをコントロールしたり、背筋や腹筋などの抗重力筋《こうじゅうりょくきん》の働きを高めることがわかっています。

吸う息は交換神経に作用し、吐く息は副交換神経をリラックスさせるということです。ストレスがかっても、脳にはストレスがかかっていないように思わせる効果があるというのです。リラックスできるということですね。ぼくは医者ではありませんから、医学的なことはわかりませんが、医学的にも坐禅の効用は認められているということです。さらに海外でも支持されている理由の一つだといえます。

《入浴坐禅》

ま、いくら忙しくても、風呂には入りますよね。湯ぶねに坐って坐禅だってできます。坐禅式呼吸法を行いましょう。入浴によって全身の筋肉がゆるみ、血流が高まっているときに坐禅式呼吸法を行うと、さらに血流改善効果が高まり、ポカポカになります。

冷え性の方はぜひ。

調身《ちょうしん》（姿勢をととのえる）、調息《ちょうそく》（呼吸をととのえる）、調心《ちょうしん》（心を落ちつかせる）これがおうち坐禅の効果です。

さあ、すぐにはじめましょう。「禅は急げ」というでしょ。

坐禅をして見える仏の姿とは

おっと、最後に公案を出しましょう。といってもぼくの公案ではありません。宗忠老師が日曜坐禅会で一般参加者に出題していた公案です。

「坐禅をすれば仏に会える。どんな姿をしているのか」

解答は、おうち坐禅で探してみてください。

テーマその2　観る

『般若心経《はんにゃしんぎょう》』を読んでみましょう

第2のテーマは「観《み》る」です。見るではありません。「よーく見る」「じっくりと見る」という意味の「観る」です。観ると別の世界がひらけてきます。

今回は『般若心経』を「観る」ことにしましょう。まずは「見る」ことからです。

禅宗の教えは教外別伝《きょうげべつでん》、不立文字《ふりゅうもんじ》、以心伝心《いしんでんしん》です。肝心かなめの部分は文字では伝わらないというのが禅宗です。

といって、お経を読まないわけではありません。それなりにあります。それなりというよりはかなりあります。大代表ともいえるのが『般若心経』です。しかし、現代語訳しながら読むのはかなり厄介なお経です。次のような困難が待ち受けています。

一、本文を口語訳しても意味がわからない。

二、難解な言葉が多い。

三、テーマの読みとりが難しい。

しかも、天台宗、真言宗、禅宗といった宗派によってとらえ方に違いがありますし、同宗同派であっても解説者によって相違があります。

『般若心経』は『大般若経』六百巻のエッセンスとなるお経で、『大般若経』の中心が『般若心経』です。中国唐時代の高僧・玄奘三蔵《げんじょうさんぞう》の訳です。三蔵法師は『西遊記』のモデルになった僧侶ですが、インドに旅をし、多くの経典をもたらし、翻訳をした名僧です。

まず、最初にお経のタイトルである「摩訶般若波羅蜜多心経《まかはんにゃはらみったしんぎょう》」を訳してみましょう。

「摩訶般若波羅蜜多心経」は単語として、分解するならば「摩訶」「般若」「波羅蜜多」「心」「経」となり、次のようになります。

心経の言葉	**（サンスクリット語）**	**意味**
「摩訶」	（マハー）	大きい
「般若」	（プラジュニャー）	智慧《ちえ》
「波羅蜜多」	（パーラミター）	彼岸《ひがん》（悟り）に至《いた》る

「心」　中心
「経」　経典
「摩訶」「般若」「波羅蜜多」はサンスクリット語の音写です。日本語ですと外来語はカタカナになりますが、中国にはありませんので、発音の漢字を当てたのです。

「摩訶」は現在でも使いますね。「摩訶不思議なこともあるもんだ」などと使う摩訶です。「とても」「すごいぞ」「おお！」という意味です。

「般若」とは「智慧」のことで、「仏さまの見方・実行力」のことです。では、あの般若の面と関係があるのでしょうか。うーん、一説に「般若の面」は般若坊という面打ちが制作した面だといわれています。祈りによって悟りをひらくことからとする説もあります。

ま、とにかく『般若心経』の「般若」は「真の悟りを得られる根源的な智慧」のことです。そして、「波羅蜜多」は「悟り」あるいは「悟りに至る方法」です。

したがって、「摩訶」「般若」「波羅蜜多」「心経」は順番に日本語で直訳するならば、「大きい」「智慧」「悟りにいたる」「中心」「お経」となります。現代語訳するならば、

「すばらしき悟りについて説かれた根本経典」

となります。

「すばらしい悟りについて説かれたお経の決定版」

とでも意訳しましょうか。また、

「ものの見方、考え方を変えてみようよ。そこに苦しみを脱出し、悟る方法があるよ」

と読み取ることもできます。苦しみの原因とその解決方法について説かれています。

こんな調子で話していくと、とてつもなく長く、眠くなりますので、先を急ぎましょう。

観自在菩薩《かんじざいぼさつ》　行深般若波羅蜜多時《ぎょうじんはんにゃはらみったじ》　照見五蘊皆空《しょうけんごうんかいくう》　度一切苦厄《どいっさいくやく》

観自在菩薩とは観音《かんのん》菩薩のことです、観音さまとか観音さんも同じです。菩薩の説明をすると話がややこしくなりますので、ここは観自在とよばれる修行者がいたとしましょう。次は深く般若波羅蜜多を行った時ということ、つまり、「仏さまの見方・実行が発揮された時」に、どうなったのかというと、「五蘊が皆空」であることがわかり、一切の苦厄から解放されました。

五蘊とは何でしょうか。

古代のインド人はこの世の中は色《しき》（物質的現象）と受想行識《じゅそうぎょうしき》（という四つの精神作用）の合

計五つで構成されていると考えていました。この五つの集合を五蘊といいます。

「なんだ、五蘊は空だったのか」

とわかったら、スッキリ、さわやか、悟りの境地に至り、すべての煩悩や苦しみ、いやなことから解放されたのです。

舎利子《しゃりし》　色不異空《しきふいくう》　空不異色《くうふいしき》　色即是空《しきそくぜくう》　空即是色《くうそくぜしき》　受想行識《じゅそうぎょうしき》　亦復如是《やくぶにょぜ》

「舎利子よ」

これは修行者の人名です。舎利弗《しゃりほつ》とも書き、カタカナ表記はシャーリプトラです。お釈迦さまの十大弟子の一人です。

観音さまがお釈迦さまの弟子のシャーリプトラに法を説いているのが『般若心経』です。シャーリプトラといえば、智慧第一の人といわれ、とても勉学にすぐれたお弟子さんでしたので、観音さまは、「シャーリプトラ君、勉強ばかりしていないで、ちょっと、わたしの話を聞きなさい」と、語りかけたのですね。そこで、有名なフレーズになります。

「色即是空」「空即是色」

形あるものは空なのです。ちなみに話の流れから想像できると思いますが、色は「色っぽいこと」「色ごと」のことではありません。「シャーリプトラよ、色ごとは空しい、異性に心を奪われてはいけない」とは訳しません。

「物質的な現象は空である」と読みましょう。

空とは何でしょうか。

あえて訳せば「ない」となります。

文字で表現するならば、うーん、他に適切な言葉が思い浮かびません。「色即是空」とは「形があるものは実態がない」ことなのです。

「あることはないことである」とお経に書いてあるからといって、銀行に行って、通帳からお金を引き出そうとした時、次のような会話をしたら大変なことになります。

「村越さん、残高全部、引き出しますか」

「いや、あるいということは、現金がないということである」

「だから、ありますよ」

「いいや、あることはないことである」

「あのう、奥さん、お宅にいらっしゃるのならおよびしましょうか?」

「いや、いない」

「奥さん、いないんですか」

「いるということがいないのである」

なんてことをいったら、警備員さんに放り出されてしまいますよね。こうした、「ある」「ない」ではないのです。

同時に、「色即是空」の逆である「空即是色」も難しいですね。

ないということが、形あるものとして存在することである。

またまた、銀行にいって通帳からお金を引き出そうとしたとします。

「村越さん、すみません。残高がありません」

「ないということが現金があることである」

「だから、ありませんよ」

「いや、ないということがあることの証拠である。出せ！」

なんてことをいったら、お巡りさんが飛んできますよ。

ここも、私たちが通常考えている「ない」「ある」の関係ではないと、とりあえず読んでおきましょう。

次に「受想行識　亦復如是」とあります。「受想行識」とは数十行前に出てきましたね。この世の構成要素は五蘊《ごうん》でした。その五蘊とは物質世界の色と精神世界の「受想行識」でした。「受想行識」も色と同じ関係にあるということです。「色即是空」「空即是色」ですので、「受想行識是空」「空即受想行識」ですね。

では「受想行識」とは何でしょうか。「受・想・行・識」はそれぞれ、「感覚」「想い」「意志」「認識」と訳されています。意訳するならば「目や鼻などの体の感覚器官が受け取って、心が想い、行動して、認識した」ということです。たとえば、こんな感じかな。

チャラララーララ、チャララララー。

「オッ、この音色《ねいろ》はラーメン屋さんだ」

ここが受《じゅ》です。耳という感覚器官が音を聞いたのです。

「そういえば、お腹がすいたなあ」

これは心の想い、想《そう》です。

「よし、財布を持って出かけよう」

行動を起こしましたよ。行《ぎょう》ですね。そして、みそラーメンを注文しました。

「おお、意外とおいしいぞ！」

と認識できました。識《しき》ですね。

この四つの心の動きも、みんな空だといっているのです。「考える」「感じる」「判断する」などの精神活動も、実体がないものなのです。

舎利子《しゃりし》　是諸法空相《ぜしょほうくうそう》　不生不滅《ふしょうふめつ》　不垢不浄《ふくふじょう》　不増不減《ふぞうふげん》

「シャーリプトラよ。すべての存在は実体がないんだよ。だからね、生まれることも、消えてなくなることも、きたない、きれい、増えること、減ることもないんだよ」

ここも、ややこしいなあ。たとえば「きれい、きたない」を例にしてみましょう。きれいな人を、美人という言葉に置き換えましょうか。

あなたにとって美人の条件とは何ですか。平安時代はポッチャリ型が美人でした。ウエストがキュキュッとしまった女性が美人になるのは江戸時代からの話です。

ま、勝手に人が「美人とは〜だ」と思い込んでいるにすぎないのです。美人という人が生まれてくるわけではありません。

「うまい」「まずい」「気持いい」「気持悪い」なども同様なのです。本来、そんなものはないのです。

したがって、「不生不滅　不垢不浄　不増不減」の箇所はいくらでも増やすことができます。

「不大不小　不明不暗　不深不浅」とか…。

是《ぜ》故《こ》空《くう》中《ちゅう》　無《む》色《しき》無《む》受《じゅ》想《そう》行《ぎょう》識《しき》　無《む》眼《げん》耳《に》鼻《び》舌《ぜっ》身《しん》意《に》　無《む》色《しき》声《しょう》香《こう》味《み》触《そく》法《ほう》　無《む》眼《げん》界《かい》乃《ない》至《し》無《む》意《い》識《しき》界《かい》

さて、物質世界と精神世界は空であると『般若心経』は説いているのですが、その空とはどのようなものなのでしょうか。

「ということで空の中、なんにもないということの中は形もなく、精神活動もなく、目も耳も鼻も舌も身も意（意志）もなく、色（ここでは赤とか青とかの色）も声も香も、味も触（感触）も法（心の対象）もありません。眼でみる領域から、意識の領域にいたるまでなにもないのです」

別の表現をすれば「好き・きらい」「うまい・まずい」「楽しい・つまらない」などという自分勝手なものさしをすべて捨てましょう、ということですね。

無《む》無《む》明《みょう》　亦《やく》無《む》無《む》明《みょう》尽《じん》　乃《ない》至《し》無《む》老《ろう》死《し》　亦《やく》無《む》老《ろう》死《し》尽《じん》

「無無明」とは「無明」が「無い」ということです。無明とは「悩み」とか、「迷い」のことです。空の世界にはなにもないのですから、悩みはないのです。ここの箇所は「悩みがないから悟りの世界である」といっているわけではありません。あくまで、「悩みがない」といっているのです。それで、「無無明尽」、「悩みが尽きることもない」と続きます。

文章的には変ですよね。

「迷いがない」のなら、「迷いがつきることがない」というのは不合理です。それではどっちなの、はっきりして、といいたくなりますね。しかし、「空」のいう「ない」とは「いかなるものもなにもない絶対の無」のことなのです。日本語として口語訳してみると矛盾しているように見えますが、言語を超越した無なのです。

ここの解釈はとても禅宗的です。

どのような言葉や、現象を入れてみても「ない」となるのが空なのです。

同様の用例として、「老いや死はなく」「老いや死がつきることもない」と続いています。

無《む》苦《く》集《しゅう》滅《めつ》道《どう》　無《む》智《ち》亦《やく》無《む》得《とく》　以《い》無《む》所《しょ》得《とく》故《こ》

「苦集滅道」もありません。苦集滅道とは仏教の解く四つの真理、四諦《したい》のことです。

苦は苦諦《くたい》のことです。

人生はなかなか思う通りにはいきません。そこには苦があるからであるという真理。問題の出発点ですね。

集は集諦《じったい》。

人生の苦の原因は無明です。無明とは迷いや悩みのことで、これらが集まっているのが人生であるという真理。苦の原因です。

滅は滅諦《めったい》。

その無明を消滅させれば悟りの境地に至ることができるという真理。問題が解決した場合の世界のことです。

道は道諦《どうたい》。

道はその悟りのために道をきわめようという真理。具体的な解決方法のことです。

ついに仏教の教えもないと『般若心経』はいい出したのです。

「空」とはなにものもない絶対の無の世界ですから、そこには「お釈迦さまの教え」も「達磨の教え」も「禅宗の教え」も、「白隠の教え」もないのです。

したがって、「智慧もなく、悟りを得ることもなく、何ら得るものもない」となります。時間も人も関係ない永遠不滅の教えということです。

菩提薩埵《ぼだいさった》　依般若波羅蜜多故《えはんにゃはらみたこ》　心無罣礙《しんむけいげ》　無罣礙故《むけいげこ》　無有恐怖《むうくふ》　遠離一切顛倒夢想《おんりいっさいてんどうむそう》　究竟《くきょう》
涅槃《ねはん》

菩提薩埵とは菩薩と同じです。古代インド語の「ボーディサットヴァ」の音写で、意味は求道者のことです。修行者ですね。

求道者は智慧の完成がなされているので（空の世界がわかっているので）、心を妨げるものがありませんから、恐れもありません。

顛倒夢想は正しくものをみることのできない迷いということです。別の言葉に置き換えると無明のことですね。

悟ると無明とは無縁になるのです。

というわけで、究極の涅槃、つまり、ニルヴァーナなのです。不動の平安です。

三世諸仏《さんぜしょぶつ》　依般若波羅蜜多故《えはんにゃはらみたこ》　得阿耨多羅三藐三菩提《とくあのくたらさんみゃくさんぼだい》

三世は現在、過去、未来のことです。そこにいるすべての仏は「般若波羅蜜多」を修得しているから、「阿耨多羅三藐三菩提」（悟り）を得ているのです。

故知般若波羅蜜多《こちはんにゃはらみった》　是大神呪《ぜだいじんしゅ》　是大明呪《ぜだいみょうしゅ》　是無上呪《ぜむじょうしゅ》　是無等等呪《ぜむとうどうしゅ》　能除一切苦《のうじょいっさいく》　真実不虚《しんじつふこ》
故説般若波羅蜜多呪《こせつはんにゃはらみったしゅ》　即説呪曰《そくせつしゅわつ》

だから、般若波羅蜜多を知る必要があるのです。次の「大神呪」「大明呪」「無上呪」「無等等呪」とは最高の呪文 ということです。呪文はマントラのことで空海は「真の教えの言葉」という意味で真言《しんごん》と訳しました。その般若波羅蜜多の真言は次のように唱えるのです。

羯諦羯諦《ぎゃていぎゃてい》　波羅羯諦《はらぎゃてい》　波羅僧羯諦《はらそうぎゃてい》　菩提薩婆訶《ぼうじそわか》

真言ですから訳さずにそのままお唱えします。あえて訳すと「修行者よ、修行者よ。悟りを求める修行者よ。悟りの道に幸あれ」といった所でしょうか。「求めよ。悟りの道がひらけるぞ」という応援の真言です。

般若心経《はんにゃしんぎょう》

『般若心経』以上で終わり。

となります。結局、最後にいいたかったのは「羯諦羯諦　波羅羯諦　波羅僧羯諦　菩提薩婆訶」の真言であると解釈することもできます。しかし、臨済宗風に、そして、個人的に解釈するならば、この真言は「般若波羅蜜多」を目指して修行しましょうよ、という意味の真言になるかと思います。ま、ここは宗派によって読み方に違いがあるのです。

ね、みなさん。悟りの境地に達したでしょ？

テーマその2（つづき）観る

『般若心経』のパワー

とにかく「ない」「ない」「ない」といい続けているのが『般若心経』の空です。物質世界も「ない」「ない」、精神世界も「ない」「ない」でしたね。この際、「ないない」と命名しておきましょう。「永遠にない教え」を得るのが『般若心経』です。その「ないない」をもう少し、具体的に解説してみましょう。

つまり、「色即是空」「空即是色」をどのように観るのかということです。

たとえば、ここに水があったとしましょう。

話をわかりやすくするために、水をH_20という化学記号で表記します。ま、この記号も人が命名したものですが、とりあえず、H_20があると考えてください。

このH_20の中に人と魚がいたとしたらどう見るでしょうか。

人は水の中にいる。

だいたいこんな感じ般若心経

観音さまは修行し、悟りました。
すると、心は安らか、不安は一つもありません。
観音さまは修行中のシャーリプトラに言いました。
そもそも私たちは自分勝手なのです。
ついつい思うよね。
きれいな花、おいしいみかん、きたない虫。
でもね、きれいな花という花はないんだよ。
自分勝手なものさしで見ているからこうなるんだよ。
捨てようよ、そんなものさし。
そうすれば、

「きれい」も「おいしい」も「きたない」もない。
「花」も「みかん」も「虫」もないよ。
この世界が永遠不滅の悟りの世界なのです。
だらか、すべての修行者はこの境地を目指すのです。
修行すればみな達成できるのです。
最後にこの境地に至るための真言を教えるよ。
羯諦羯諦　波羅羯諦　波羅僧羯諦　菩提薩婆訶

以上

魚は住居の中にいる。

もちろん、仮に魚が日本語をしゃべった場合の話です。つまり、ぼくがいいたいのはH_2Oというものを人が勝手に「水」と名付けているにすぎないということです。「水」なんて「ない」のです。

さらに、もう一つの例をあげましょう。ここにコップに入った水道水が二杯あります。N氏（男性）とMさん（女性）が同じ水を飲んだとします。

「いやあ、うまい水だなあ」

N氏はいつも水道水を飲んでいました。

「あら、何をいっているのよ。これはまずい水よ」

いつも天然水を飲んでいるMさんは一口飲んでやめてしまいました。

どちらも同じ水ですが、意見は分かれました。しかし、「まずい水よ」といったMさんも砂漠の真ん中でのどがカラカラの時に飲めば、「うまーい」となりますよ。

そもそも、「うまい水」も「まずい水」もないのです。そして、水（人が勝手に名づけた名前）もないのです。あるのはH_2Oだけなのです。

この世のすべての事柄は、それを見る人によってとらえ方が違います。同じものを見ても聞いても、その感じ方はその人次第です。極端にいえば、その時の気分次第ともいえます。

カラリン、カラリン、カラリン。

風鈴の音を聞いても、「ああ、夏だなあ」と季節の風情を感じる人もいますし、この音を「うるさい」と思ってイライラするかは、その人の心次第です。もともと、そこには「夏の風情の音」も「騒音」もないのです。

こんな感情的な例は山とありますよ。

一年前にはあんなに愛したのに、今となってはうとましい、なんてことはざらですね。逆もありますが。こだわっているのは人の心です。

「村越さん、何かありました?」

「いえ、別に」

公案との関係

次に以前に紹介した公案を「ないないの目」で観てみましょう。
《ゆれているのは何か?》
法性寺《ほっしょうじ》で印宗《いんじゅう》和尚の講義があるというので、六祖慧能《えのう》が本堂で待っていました。すると、講義を知らせる幡がパタパタとゆれた。この様子を見て、ふたりの僧侶が議論をはじめました。

僧侶一「幡が動いているのだ」

僧侶二「いや、幡ではなく風が動いているのだ」

二人のいい争いがいつまでも続くので慧能はこういい放ちました。

「幡が動くのではない。風が動くのでもない。あなたたちの心が動いているのだ」

この指摘に二人はハッとしておそれおののいたのでした。（『無門関《むもんかん》』第二十九則「非風非幡《ひふうひばん》」）

僧侶一は「幡が動く」、僧侶二は「風が動く」、そして慧能は「心が動く」でした。

「そうか、心が動いているのか。やはり、うまいことというなあ」と思います。しかし、『般若心経』の「ないない」の目でこの風景を観るならば、「幡が動く」ことは「ないない」、「風が動く」も「ないない」。そして、「心が動く」ことも「ないない」のです。ただ、そこには、パタパタパタと幡が揺《ゆ》れているだけなのです。

もう一つ、のぞいてみましょう。

《不安という心のある場所とは？》

達磨は面壁《めんぺき》中。二祖慧可《えか》は雪の中に立っていました。臂《ひじ》を切っていいました。
慧可「私の心は不安です。どうか、私の心を安らかにしてください」

達磨「不安という心をここへ持ってこい。そうすれば安心させてやろう」
慧可「そのような心はどこにもありませんでした」
達磨「それで安心したであろう」
（『無門関』第四十一則・達磨《だるま》安心《あんじん》）

さて、「ないないない」の目で観てみましょう。もう、パターンがおわかりですね。「不安」という心は「ないないない」。「安心」という心も「ないないない」。そこには達磨と慧可がいるだけ。というのが禅宗の世界です。

人生八つの赤信号「四苦八苦《しくはっく》」の解決方法

さて、「不安」も「安心」もないという視点は、日常生活で一つのヒントになりますね。お釈迦さまが出家した理由は苦からの脱出でした。ま、いろんな苦しみがありますが、仏教では四苦八苦としてまとめています。

「何でぼくなんか生まれてきたのかなあ」（生《しょう》）
「近ごろ、シワが増えるし、シミ、ソバカスが気になって仕方がないわ」（老《ろう》）

「酒もタバコにも縁がなかったのにガンになってしまった」（病《びょう》）
「死にたくない」（死《し》）
「『一生離さないからね』と誓ったのに、愛する人に捨てられてしまった」
「お父さん！　なぜ、死んだのよ！」（愛別離苦《あいべつりく》）
「あんな上司、ぶんなぐってやりたい」「会いたくないなあ。でも、会社やめる訳にもいかないしなあ」（怨憎会苦《おんぞうえく》）
「なかなかよい結婚相手にめぐりあえないなあ」「欲しいものが思うように手に入らないなあ」（求不得苦《ぐふとっく》）
「一人でいるとなんとなく不安でたまらない」（五取蘊苦《ごしゅうんく》）

などなど、生まれてから死ぬまでの間は悩みや苦しみの連続です。しかし、逆に考えれば人生は四苦八苦でできているのです。

四苦八苦の中で前半の四つは生まれながら背負っている苦です。残りの四つは生きている以上は避けることのできない苦です。

しかし、『般若心経』で観れば、すべて「ないない」なのです。お釈迦さまが出家した理由をすべて一気に解決しています。心が反応しているに過ぎないからです。

心次第なのです。
しかし、いきなり「ないない」とはいきませんよね。「ない」の絶対境地にはなかなかなれませんから、せめて、次の五つの「ない」を実行してみましょう。

四苦八苦に**「こだわらない」**
四苦八苦に**「とらわれない」**
四苦八苦に**「かたよらない」**
四苦八苦に**「ふてくさらない」**
四苦八苦に**「いい気にならない」**

「ないない」は実は心を無限に働かすことだったのです。

悟りの目で観たこの世の世界

では、「ないない」の目でこの世の姿を観たとき、どう見えるのでしょうか。

春は花
夏ほととぎす
秋は月

冬雪さえて冷《すず》しかりけり

形見とて何か残さん
春は花
山ほととぎす
秋はもみぢ葉

二つの句は何となく似ていますね。はじめの句は曹洞宗を開いた道元（一二〇〇～一二五三）、次がやはり曹洞宗の名僧・良寛《りょうかん》（一七五八～一八三一）です。

ぼくがこの二つの句について、解説をするのはおこがましいことですが、道元はとにかくまじめ。きまじめ。目の前の自然だけで悟りの世界を表現しています。悟りがどうだとかこうだとかは一切いいません。「自然、道元、悟りが一体である」それだけです。そこには何ものも入り込む隙がありません。

春は百花が楽しみ
夏ほととぎすの声が涼しさを運ぶ
秋は月を見てしみじみと

冬は白銀の雪がさわやかさ

などと訳せますが、「よけいなことをするな」と道元に怒られそうです。一方の良寛さんはちょっと、遊び心がある詩になっています。

さて、形見で何か残してあげようか

いやいや

春は花

山ほととぎす

秋はもみじがあるじゃあないか

これで十分だよ

さて、道元の和歌全体、良寛の詩の「春は花　山ほととぎす」の箇所を「悟りの世界」と置き換えることが可能です。道元の句は結局、置き換えると、

悟り

としかなりませんが、良寛の句は、

形見とて何か残さん

悟りの世界

となります。悟りの世界は良寛が残したものではありません。もともとあるものです。別の言葉で表現すれば世界遺産といえます。

形見とて何か残さん

お釈迦さまが気がつかれた悟りの世界

となります。そこに自分というものがなければ自然と自分とは一体ですし、裏を返せば、すべてが自分そのものなのです。

『般若心経』の「ないない」の思想からいえば『般若心経』の教えもないということになります。また、『般若心経』の「ないない」の目をマスターしても、観じ方は違っても現実社会が別世界として見えるわけではありません。

うーん、先の道程《みちのり》はかなり、長そうですね。

功徳がいっぱいのお経

最後にお経の功徳について触れておきましょう。『般若心経』に限らず、さまざまなお経があります。自分にとって縁のあるお経を声を出して読んでみましょう。次のような功徳があります。

《読経の功徳》

1、心が清浄になる＝自分自身の声で心が落ちつき、心が洗われます。
2、仏縁が広がる＝自然と意味がわかるようになり、仏との縁が深くなります。
3、三世一切の諸仏、三界万霊を喜ばす＝現在、過去、未来の仏、あらゆるいのちを喜ばすことができます。

とにかく、読み続けてみましょう。お経に説かれている真理にせまる第一歩です。お教は「読む」「見る」「観る」の順に深くなり、実践することができるようになります。

テーマその3　工夫―精進料理教室

食事をいただくための三つのポイント

現代ザゼン道場の主要科目その3は工夫です。僧堂で重要な修行の一つとされる典座を取り上げてみましょう。

食事の工夫の話です。

すると、

「えっ、今日から精進料理にするの？」

「三度の食事はお粥に一汁一菜、雑炊？」

と思いますよね。現代人が日常生活を送る中で僧堂のような食事で過ごすことは、無理なことです。しかも、単純にベジタリアンにすればいいというものではありません。それから、単に食材を代えればいいという問題でもありません。僧堂における精進料理の極意を思い出してください。

一、食材に感謝。
二、自分のいのちも食材のいのちも同じ。
三、食材のいのちによって自分は生かされている。
もう少し、具体的に表現すれば次のようになります。
一、合掌して「いただきます」と「ごちそうさま」。
二、食材を無駄にしない。
三、感謝して全部いただく。
それでは、食事をいただく時の工夫からどうぞ。僧堂での食事の心得や作法を取り入れてみました。

《「いただきます」はいのちをいただくこと》

「いただきます」とは「食材のいのちをいただく」ことです。
よく考えてみましょう。あなたの口に入るために生まれてきたいのちは何一つとしてないのです。これらいのちのおかげで生かされているという感謝の気持ちを込めて「いただきます」をしましょう。

《食事を全宇宙にささげる》

僧堂では食事を口にする前に生飯《さば》といって、ごはん粒を七粒程度、三界万霊《さんがいばんれい》にささげる作法がありましたね。この心を表現しましょう。合掌したまま、一分でも二分でもいいですから、亡くなった父でもいい、母でもいい、おじいさんや、おばあさんでもいい。ご先祖さまに食べていただきましょう。

それから、現在、過去、未来において食事をすることのできない人や動物たち、すべてのいのちにもささげましょう。

全宇宙を代表して食事をしている、こんな気持ちで食事に向かいあいましょう。

《最後の一滴まで飲み干そう》

僧堂の食事には折水《せっすい》とよばれる作法があります。食器は流しで洗うことはしません。食事の最後にお湯とタクアンで巧みに内側を洗いふきんで拭きます。最後にお湯を折水器《せっすいき》という小さな桶のような形をした器に移し、二口程度を飲み干します。

ごはんを食べた器、味噌汁を飲んだ器、おかずを食べた器を順にくぐったお湯。味もなく、香りもなく、かすのようなお湯。このお湯の中に「かけがいのない〝いのち〟をいただいた」という感謝の気持ちを感じながら、最後の一滴まで大切に飲みます。この一滴に大自然の中で生かさ

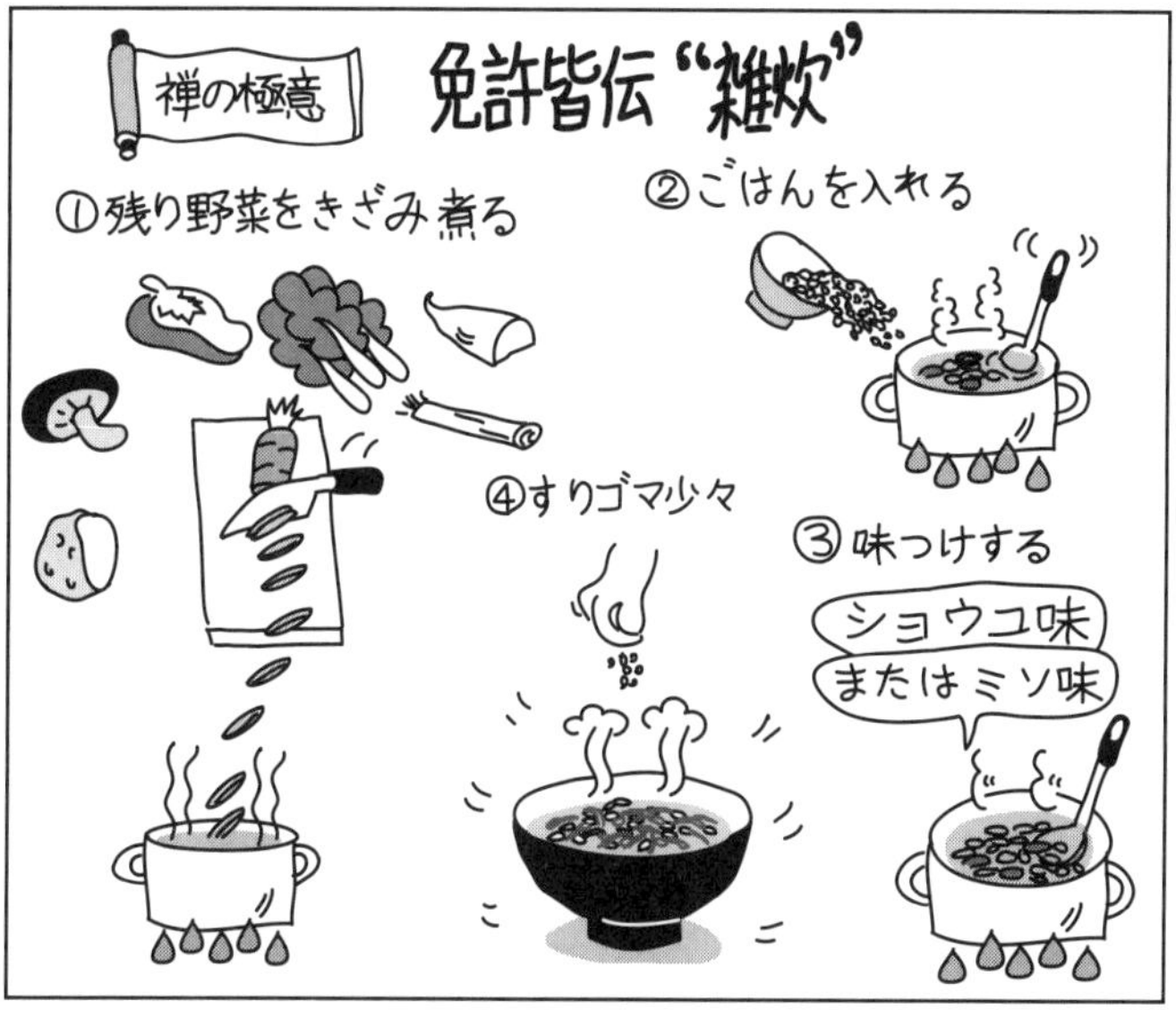
禅の極意
免許皆伝"雑炊"
①残り野菜をきざみ煮る
②ごはんを入れる
③味つけする
ショウユ味
またはミソ味
④すりゴマ少々

れていることを実感します。

日常の食事ではお湯である必要はありません。お茶で器を折水しましょう。誰ですか、

「お皿をなめる猫みたい」

とささやいたのは。これはりっぱな禅の修行です。それから、僧堂では折水器に移されたお湯は樹木の根元にかけ、次のいのちを育《はぐく》む糧《かて》にしています。

作ってみましょう精進料理

当然、食材は無駄にはできませんね。残す、捨てる、腐らせるなんてもってのほかです。生かしきるための基本は次の3つのレシピです。

1、僧堂の夕食と同様、雑炊にする。

2、野菜の切れ端を刻んでキンピラにする。

3、野菜の切れ端を野菜スープにする。

とりあえず、この3つを実行すれば、かなりのいのちを救済することができます。特に雑炊は禅の免許皆伝料理です。

さて、僧堂の料理といえば質素なものばかりなのですが、一般家庭でもそれなりにおいしくいただけそうなレシピを紹介します。多少の創作も加えておきました。参考にしてください。口調を変えて気楽にいきましょう。

続・梅の実の往生料理

とかく、僧堂では梅にお世話になりますが、家庭用に三つ紹介しましょう。

(梅ジャム)

①完熟の豊後梅《ぶんごうめ》を洗って、ふきんでふく。
②梅を鍋で煮詰める。とけてきたら種とアクをていねいにとりのぞく。
③色が黄色からやや褐色がかるまで、煮つめる。
④梅と同量の砂糖を入れ、煮つめる。

ちょっと、手間がかかりますが、ジャム以外としては五、六倍の氷水で割って、梅ジュースにもなります。ソーダで割ってもいいですよ。

（インスタント梅ジュース）

梅ジャムほど手間をかけなくてもできます。

①完熟の豊後梅をラップをかけて電子レンジでチンする。一個一分。

②①でできたペーストに同量の砂糖を入る。

③氷水やソーダで割る。

（梅みそ）

①完熟の豊後梅を洗って、ふきんでふく。

②梅一キロ、白みそ一キロ、砂糖八百グラムを広口ビンに入れ、よくかきまぜ、冷蔵庫で半年。

③二ヶ月くらいで梅が溶けたら、種をのぞく。

梅が溶けかかったときにつまむのもなかなかの味をしています。できた梅みそは和《あ》え物などに使います。奥が深い味ですよ。

完熟の豊後の梅の実というのは手に入らない方もあるかもしれません。通常、梅酒などには青梅を用いますが、取り忘れて黄色くなって、落ちて、そのまま腐っていくような梅の実のいのちを生かす調理方法です。梅みそは青梅でもできますが、梅ジャムと梅ジュースは難しいですね。

春はタケノコの若たけ煮

春のタケノコも忘れてはいけません。

とにかく「僧堂流若たけ煮」です。通常の若たけ煮はワカメの形状が残っていますが、僧堂流はペースト状なのです。男の料理ですから作り方はいたって簡単。ゆでたタケノコと刻んだワカメをゴマ油で炒めて、最期に醤油で味つけするだけです。ただし、僧堂のかまどへくべる薪の強力な火力によって調理できる一品です。火力にものをいわせてワカメをとろけさせてしまうのです。

家庭用のLPガスやIH、ラジエントヒーターなんかではあの味を出すのは無理かもしれません。その場合はあらかじめ、フードプロセッサーかミキサーにワカメと水を入れ、ある程度ペースト状にしておきます。それから煮込めばできます。

タケノコにトローリとろけてからむワカメ。アツアツのごはんにかけてフファ、フファしながらいただきたいですね。

夏なのに冬瓜

家庭でもできる
僧堂流若たけ煮
① もどしたワカメを
ミキサーにかける
ガガガガ
水を足して
ペーストにする
② ゆでたタケノコを
乱切りにする
③ ゴマ油炒め
タケノコを入れてから
ワカメを入れる
④ 味つけする
ショウユ味

夏の季節野菜といえばキュウリ、トマト、オクラ、かぼちゃ、冬瓜《とうがん》、ピーマンなどがありますね。

たいていの野菜が大きくて重いものがよいとされるのですが、キュウリは細くてしまった方がいいですね。昔は太った女性が好まれたのに、最近、スマートな女性が人気があるのと同じでしょうか。

「うっ。痛い」

誰でしょうか。ぼくに石を投げたのは。いえいえ、僧堂にやってくるキュウリはズッキーニのようなりっぱなものもありますが、糠漬《ぬかづ》けにしたり、野菜炒めにして、こだわることなくいただきますよ。

ま、その話は置いといて、「オクラとトマ

ト と豆腐の和え物」のレシピです。オクラとトマトと豆腐をサイコロ状に切りましょう。味つけは塩、すりゴマとゴマ油を入れて和えるだけです。お好みで酢を加えてもいいかもしれません。

ぼくの僧堂では野菜を買うことはありませんでした。しかし、偶然、オクラ、トマト、豆腐がそろうこともあったのです。

トマトはスライスして、そのまま食事に出すことがほとんどでした。しかし、丸かじりしても食べきれない量をいただいたとき、次のような加工をしたことがありました。

一、トマトの野菜炒め
二、野菜トマトスープ
三、野菜のトマト煮

一は簡単ですね。ただの野菜の油炒めです。二はなにかの野菜と合わせます。たとえば「冬瓜とトマトのスープ」です。冬瓜を精進だしでゆで、トマトを入れ、塩、コショウで味つけします。隠し味に醤油少々。お好みでゴマ油を加えてもいいかもしれません。冷蔵庫で冷やせば「冬瓜とトマトの冷スープ」になります。

余談ですが、夏野菜なのになぜ、冬瓜なのでしょうか。冬瓜の表面には白い粉がついています。

この粉を雪に見立てたため、冬瓜とよぶようになったといわれていますが、実際は冬まで保存が効く瓜なので「冬瓜」とよばれたとする説の方が有力だということです。

話をもどして、トマトですが、三番目は「野菜のトマト煮」です。最初にトマトペーストを作ります。皮を湯むきして取り除き、あとは丸ごと刻んでトロトロになるまで煮つめるのが、トマトペーストのポイントです。具はジャガイモやニンジンなどの野菜です。「豚の角煮なんかが入ると美味しいだろうなあ」などと想像しながら作ったことがありました。トマトペーストをうどんとからめたこともありましたが、やっぱりパスタですね。

しかし、これらトマト料理は雲水仲間にはあまり好評ではありませんでした。やっぱり、塩ふって丸かじりがいいんでしょうかねえ。

秋は一手間かけて栗料理

ある信者さんに栗を送っていただいたことがありました。栗といえば焼き栗、ゆで栗、甘栗、栗きんとんなどのお菓子、あとは栗おこわと相場は決まっています。ところが、栗は偉大なのです。栗には料理の小宇宙があるといっても過言ではありません。

「皮をむくのが面倒くさい」

と敬遠する人もあるかもしれませんが、この手間を惜しんではいけません。まずは煮物です。

「栗ときのこと銀杏の煮物」がおすすめ。

六面むきにして、水にさらしてアクを抜きましょう。この下ごしらえした栗を、ナベに入れてだし汁（精進だし）を加え、柔らかくなるまで煮ましょう。次にきのこ（シイタケやシメジ、エリンギなど）と別にゆでた銀杏を加え、醤油を入れて落とし蓋をして、煮汁がなくなるまで弱火で煮詰めましょう。

僧堂ではシイタケを栽培していましたのでシイタケと合わせましたが、内緒の話ですが、実は肉とか魚とかに合わせるとすごくおいしいのです。

「砂糖は？」

いりません。栗の甘みで十分です。意外や意外、栗は甘いのです。

それから、「粉ふき栗」なんかは一度、ね、だまされたと思って作ってみてくださいよ。

「粉ふき栗って粉ふき芋の兄弟？」

そうです。「鬼皮、渋皮をむいて鍋に入れ、かぶるくらいの水を入れ、塩を加え、水分が完全になくなって完全に塩が浮くまで煮る」「なべを振って、完全に水分を飛ばす」。これで出来上がり。

「もう一品、欲しいなあ」なんていう時やおつまみにはこれですよ、これ。

ま、秋野菜にはサツマイモ、ジャガイモ、サトイモ、山芋などの芋類の他に松茸に代表されるキノコ類など豊富ですが、機会があればまた、お話しましょう。

冬は「和をもって貴《たっと》し」のナベ物

娑婆《しゃば》の街角に木枯らし小僧がたむろするようになると〝湯気《ゆげ》一族〟の登場ですね。大代表はナベ物におでん、シチューです。精進料理にだってナベ物はあります。「豆乳ナベ」を紹介しましょう。

① 精進ダシをナベに入れる。
② サトイモ、ハクサイ、ダイコン、ジャガイモ、ニンジン、シイタケ、コンブなどを入れる。
③ ナベに豆乳を入れる。

④ミキサーに缶詰のクリームコーンを入れ、ペーストにしてナベに入れる。
⑤塩、醤油で味を調える。

簡単でしょ。僧堂では土鍋料理はありませんから、煮物の一つとして登場させました。野菜もスーパーに並んでいるような美人揃いではありませんが、ナベにしてしまえばなんの問題もありません。

野菜の煮物の最後にダシのベースとなる豆乳とコーンが一つのナベで出会うのです。この出会いが単品のナベ物では出せない味を演出します。これを「和」といいます。それぞれがそれぞれの味を出して一つになるからおもしろい。

かの聖徳太子も「和をもって貴し」といわれましたよね。さあ、家族みんなでナベを囲みましょう。そして、ナベのフタを開けた時、立ち上る湯気をみて、みんなで歓声をあげましょう。

「ワッ」

いやあ、最後はオヤジギャグで着地してしまいました。

ナベ物には僧堂の薬石の精神が入っているのです。ということで、次の三原則にそって調理してみましょう。

一、季節の野菜を使う。

二、工夫する。
三、食材を残さない。

食事のいのちは自分のいのちと同じです

実は食事や食材を大切にすることは、そのまま自分のいのちを大切にすることでもあるのです。
一、食材に感謝。
二、自分のいのちも食材のいのちも同じ。
三、食材のいのちによって自分は生かされている。
このことはさらに、次のことと同じなのです。
一、今ある自分のいのちに感謝。
二、自分のいのちも他のすべてのいのちも同じ。
三、さまざまな人によって生かされている。
感謝とおかげさまの生活のことです。このことを毎日の食事から感じとりましょう。

さて、とにかく、おうち坐禅をしましょう。おうち坐禅によって「心の切り替えスイッチ」を養いましょう。そして、『般若心経』の「ないない」のパワー、「観ること」「工夫すること」を磨き、その場その場に応じて、心を切り替えていきましょう。

禅とは「心のあり方」の別名です。精進料理はその「心のあり方」の一例にすぎません。

第8章

お釈迦さまの物語パート4

涅槃

お釈迦さまのお葬式から生まれた葬送儀礼

さて、いよいよ最終章に近づきました。ここではお葬式のお話です。

「やだわ。縁起でもない。不吉よ」

と忌《い》み嫌ってはいけません。いずれ、誰でも通る道です。現在、お葬式は宗派によってやり方が違いますが、実はお葬式はお釈迦さまと密接な関係にあります。そんなお釈迦さまの最期《さいご》の伝記を紹介します。

お釈迦さまはもう八十歳になっていました。それでも布教の旅は続いていました。ある日、阿難（アーナンダ）と一緒にチャーパーラに滞在した時のことです。

「阿難や、背中が痛む。樹の下に敷物を用意してくれないか。少し休みたい」

お釈迦さまは体に無理をさせながら旅をしていたのでした。阿難はお釈迦さまに十分に休んでいただこうと、少し離れた所で横になる支度をしていました。すると悪魔が阿難の目を盗むようにノソリ、ノソリとやってきてお釈迦さまの前でささやきました。

「おい、おまえの役目はもう終わりだぞ。後はさ、弟子たちにまかせて、この世とおさらばしなよ」

「悪魔よ、そう、あせるな。私はあと三か月したら涅槃《ねはん》に入る。クシナガラの沙羅双樹《さらそうじゅ》の木の下で最期を迎える予定だ」

これを聞いて、悪魔は大いに喜びました。お釈迦さまが坐禅をして悟りをひらく時はあれこれと邪魔したのにもかかわらず、失敗してしまいました。それ以来、悪魔はこの日を待っていたのです。しかも、最初に死を予告したのが悪魔だったのです。

伝説ですが、お釈迦さまは自分の死の予告である涅槃を最初に悪魔にしたのですね。ここで、言葉の説明を補足しておきましょう。涅槃です。涅槃とは悟りをひらいた人が亡くなることをいいます。

そして、悪魔との会話の後、お釈迦さまは樹の下に坐り、弟子たちに、

「わたしはあと三か月で涅槃に入る」

と告知しました。弟子たちは驚き、泣き出しました。

「そそ、そんな、お別れするのはいやです」

「お釈迦さまだけは生きていてください」

「泣くのはやめなさい。生まれた者には必ず死が待っているのです。わたしだけが例外になることはない」

そんな悲しみの中、阿難は、

「お釈迦さま、葬儀はどのように営めばよいでしょうか」

と尋ねたといわれています。この点についてはもう少し、先でお話します。

それから、お釈迦さまは阿難を伴ってアンバーナワ村の一山林に入り、説法を続けました。さらにマカラからパーヴァーに着いた時のことです。チュンダという者がお釈迦さまの説法に感激し、翌日、食事の供養をします。その中に栴檀耳《せんだんじ》（きのこ）を煮て出します。このチュンダの栴檀耳が食中毒をひきおこし、お釈迦さまは苦しみます。その町には医者がいなかったので、クシナガラまで帰ることになりました。

途中、小さな川の辺で休憩をした時のことです。

「阿難」

「はい」

「のどが渇いた、水を飲みたい」

お釈迦さまの要望に阿難の表情が曇りました。

「先程、五百両の車が川を渡り、水が濁っております。足を洗うには問題がないのですが、口にすることはできません。しばらくお待ちください」

こんな会話が三回ほどなされた後、阿難は思いつきました。

「お釈迦さま、ここからそう遠くない所にククシタ川があります。その川の水ならばきれいで冷たく、身体を洗うこともできます」

仕方なくお釈迦さまは無理をして歩きました。


この時、阿難はお釈迦さまの具合がかなり悪いことに気づき、お釈迦さまに葬儀のやり方を尋ねたといわれています。この話はもうちょっと先に解説するとして、お釈迦さまが水を飲みたくなった時、次のような話もあります。


「阿難」

「はい」

「のどが渇いた、水を飲みたい」

濁った水に阿難は困りました。すると、この会話をある鬼神《きじん》が聞きつけました。彼は雪山に住み仏法に帰依していました。

「お釈迦さまー、おまかせください」

鬼神は鉢を持って駆けていき、あっという間にお釈迦さまに浄水を差し出したのでした。

さて、ここでクエスチョンです。お釈迦さまは涅槃が近づいた時、水が欲しくなりました。この故事から葬儀に関するある儀式が生まれました。さて、何でしょうか。ヒントは「亡くなる前の水」です。

そうです、末期《まつご》の水です。死に水ともいいます。

「親の死に水をとることができなかった」

などとドラマの中で登場することもありますね。その末期の水です。今では死亡直後の儀礼ですが、人が死を迎えようとしている時に行ったこともありました。意識が朦朧《もうろう》としていく中、唇に水の冷たさを感じると、

「ああ、いよいよ死んでいくのか」

と思ったかもしれません。死を自覚する水でもあるのです。

それから、お釈迦さまの要望に応じて鬼神が捧げた水は八種の浄水とよばれ、次の八つの特徴を持っていたそうです。

①甘い　②冷たい　③やわらかい　④軽い　⑤清い　⑥無臭　⑦飲む時、咽を痛めない　⑧飲んだ後、腹痛を起こさない

まあ、現代風にいえばカルキ臭い水道水はふさわしくないわけです。末期の水は天然水で決まりです。現実問題として、手に入らない時は市販の日本の名水などがいいかもしれません。

この先、こんな風に伝記とお葬式の話が続きます。ただし、一方でお釈迦さまの伝記に関係しない説も多々あります。たとえば今、紹介した末期の水のルーツを魂呼《たまよ》びとする説もあります。末期の水で死者の魂をよび止め、この世に蘇生《そせい》させようとするものです。

さてと、話をお釈迦さまにもどしましょう。

お釈迦さまはクシナガラにむかって進みましたが、クシナガラの入口、バツダイ川近辺で動けなくなってしまいました。

「あそこで休みたい」

と、お釈迦さまが指さしたのが東側の堤一体、沙羅双樹《さらそうじゅ》の林の中でした。阿難は沙羅双樹の林

の中に石の台を見つけ、釈尊に休んでいただきました。

この時の姿がいわゆる北枕《きたまくら》です。

バツダイ川は北に水源があり、南に向かって流れています。この河の東側にある沙羅双樹の林の中で、お釈尊さまは頭を北、足を南、右脇を下、顔を西に向けて休まれました。これを頭北面西《ずほくめんせい》といいます。人が亡くなると、改めて布団の位置を変える北枕の由来です。

そして、阿難はクシナガラの町に行き、まもなくお釈迦さまが涅槃に入ることを告げました。人々は最後の説教を聞くた

葬儀社はどこにしますか
アーナンダまだ早い

めにお釈迦さまのもとに集まりました。

この知らせを聞いて、百二十歳の学者スバドラもかけつけ弟子となりました。

お釈迦さまの最後の言葉は、

「すべては変化する。怠ることなく修行しなさい」

でした。この最後の教えを説くとお釈迦さまは静かに涅槃に入られました。阿難が釈尊の涅槃を人々に伝えると、大地が震え、雷鳴が鳴り、沙羅双樹の花が一斉に白くひらき、花が降り注ぎました。お釈迦さま八十歳、紀元前三八三年二月十五日のことでした。


ここからはお葬式との関係を列記します。

《紙華花《しかばな》》
白くなった娑羅双樹をかたどったものが葬具の紙華花です。紙華花は四華花とも書きますが、一本の沙羅双樹が四本に分かれていることに由来しています。沙羅双樹といえば、ベンベンベンベン…（琵琶の音）
祇園精舎《ぎおんしょうじゃ》の鐘の声、諸行無常の響きあり。

娑羅双樹の花の色、盛者必衰《せいじゃひっすい》の理《ことわり》をあらはす。

おごれる人も久しからず。

唯《ただ》春の夜の夢のごとし。

琵琶の音は余計でしたが、『平家物語』（平安末期の平家一門の隆盛と滅亡の物語）の冒頭の部分に登場するのが沙羅双樹です。

お釈迦さまには誕生の時、マヤ夫人が手をかけた無憂樹《むうじゅ》、悟りをひらいた時の菩提樹《ぼだいじゅ》、亡くなった時の沙羅双樹と三種の樹木が登場します。この三種は「仏教の三霊樹《さんれいじゅ》」といわれています。いずれも北インドではどこにでも生えていますが、残念ながら日本には自生していない植物です。

《死装束《しにしょうぞく》》

お釈迦さまは入滅すると着替えをされました。マッラ族のプックサという人から、金色の衣装を贈られていたので、阿難が着替えをしました。ミャンマーなどにあるお釈迦さまの涅槃像の衣装が金色になっているのは、この時の衣装が由来だといわれています。現在の経帷子《きょうかたびら》です。

《お通夜》

お釈迦さまが亡くなると、人々は嘆き悲しみ、せめてその姿に手を合わせたいと願いました。阿難がこの願いを聞き入れると、大勢の尼僧や女性信者たちがさまざまな香や花をささげました。

さらに、多くの弟子たちはお釈迦さまの遺体のそばで、教えについて語りながら夜を明かしました。これはお通夜です。

《くじら幕》

翌日の早朝、阿難はお釈迦さまが亡くなられたことをマッラ族に伝えました。すると、マッラ族は町中にあるすべての香と花と楽器を集め、沙羅双樹の林に向かいました。そして、布で幕を幾重にも張りめぐらしました。いわゆる黒と白の縞のくじら幕のルーツですね。

《葬列と火葬・三匝《さんそう》》

七日目に火葬をする日を迎えました。八人のマッラ族の指導者は頭から水をかぶって体を清め、新しい衣装をつけてお釈迦さまの遺体を乗せた御輿《みこし》をかつぎました。遺体の後には多くの人々が続き、マッラ族の城内に入ったとき、天からは花が雨のように降ったということです。

ここで、話がもどります。例の末期の水の由来となったククシタ川までバックします。思い出してください。

阿難はお釈迦さまに尋ねました。

「どのように葬儀を営めばよろしいですか」

すると、お釈迦さまは「転輪聖王《てんりんじょうおう》のように」といわれました。

転輪聖王とは、俗世世界の天下を統一する伝説上の帝王のことです。その転輪聖王の葬儀は、

①身体を絹と綿で包み、さらに新しい麻布で包む。

②金の棺《ひつぎ》を作ってその中に油を入れて遺体を納める。

③金の棺をさらに鉄の棺で囲み、二重棺にする。

という方法でした。うーん、この姿、どことなく、古代エジプトの王のミイラに似ていると思いませんか。

阿難の指示を受けてお釈迦さまの葬儀を営んだのはマッラ族の人々でした。

お釈迦さまの遺体を新しい布で包み、次にほぐした綿で包み、さらに新しい布で包む…と五百重に釈尊の遺体を包んで、鉄の棺に納めました。宝冠寺《ほうかんじ》の中庭に香木《こうぼく》を積み、そこにお釈迦さまを納めた棺を乗せ、転輪聖王と同じように鉄の缶でふたをしました。そして香油を注ぎ、マッラ族の四人の族長が薪に火をつけようとした時のことです。

しかし、なぜか、点火しないのです。これには次のような話が伝わっています。

お釈迦さまの容態が悪くなった時、釈迦十大弟子の一人である迦葉《かしょう》は五百人の弟子と共に遠方

にいました。入滅が近いことを知り、急いでクシナガラに向かいました。

しかし、涅槃には間に合いませんでした。さらに日にちは過ぎ、とうとう火葬の日になりました。

ところが、火葬の火はつかないままです。

香木に火がつかなかったのは迦葉の到着を待っていたからでした。

迦葉はやってきました。彼は合掌して薪の回りを三回右にまわり、釈尊の足元に礼拝《らいはい》しました。

いわるゆる三匝《さんそう》です。お葬式で参列者が自宅前や本堂前で三度回る儀礼の由来です。

この時、棺に入っていた釈尊の足が姿をあらわしたといわれています。そして、迦葉と修行僧が礼拝したとき、火葬の薪は自然と炎をあげて燃え上がり、棺のなかの遺体を焼き上げていったのでした。

インドでは、古来、父親の火葬の火を点ずるのは、後継ぎの息子の役目ということになっています。したがって、迦葉が到着するまで、薪に火がつかなかったという伝説には、迦葉こそ釈尊の後継者だというメッセージが込められているのです。

インドでは火葬する時に薪として香木を使い供養しますが、日本では葬儀の時に抹香を焚いて焼香をします。燃えた香《こう》のにおいという点で共通しています。

まだまだ、お葬式との関係があります。

《骨瓶《こつがめ》・後飾《あとかざ》り壇・追善供養》

火葬後、マッラ族の人々は舎利《しゃり》（遺骨）を金の瓶に入れ、公会堂に安置し、柵をめぐらせ、七日の間、音楽と花と香で供養しました。

《骨瓶と納骨、墓地》

お釈迦さまの舎利は希望により七つの国に分骨されました。分骨終了後に希望したモーリア族は灰を納めました。そして、それぞれ、瓶に納められ供養のためのストゥーパ（塔）が作られ納められました。いわゆる墓地です。

ね、お釈迦さまの最期をたどると「末期の水」「死装束」「通夜」「紙華花」「くじら幕」「葬列」「火葬」「骨瓶」「後飾り壇」「追善供養」「骨瓶」「納骨」「墓地」にたどりつきました。

また、阿難がお釈迦さまに葬儀の行い方を尋ねた時、

「葬儀は在家の信者にまかせ、あなたは自分のやるべきことをしなさい」

と指示したとの記述もあります。この言葉の解釈は微妙です。

「お坊さんの仕事は葬儀ではない。仏道修行だ」

と解釈することもできます。

「だからといって、葬儀をやらなくてよいということではない」

と読み取ることもできます。

シュッドーダナ王の葬儀

お釈迦さまが六十八歳の時、父であるシュッドーダナ王がカピラ城で亡くなりました。お釈迦さまは重臣たちと葬儀の準備を進めました。

まず、最初にたくさんの香料を溶かした液体で王の体を丁寧に洗い、きれいに拭きとった後、絹の布で全身を覆い棺に納めました。さらに七つの宝石で遺体を荘厳し、棺を台座の上に安置し、真珠で編んだ網を垂れめぐらしました。そのあと華を四方に散らし、香をたいて供養しました。

さらに棺を火葬にする時、お釈迦さま、お釈迦さまの弟、子供、従兄弟《いとこ》が棺をかつぎました。真珠で編んだ網は現在でいえば布製の棺掛《がんか》けのことです。

また、棺をかついだ四人はシュッドーダナ王の子供、甥、孫にあたります。日本でも故人の実子、兄弟、孫などの血縁の者が棺をかつぐ習慣が今でも残っています。

以上の記述は『浄飯王涅槃経《じょうぼんおうねはんぎょう》』や『増一阿含経《ぞういつあごんきょう》』などにみられます。

これらの経典が当時のことを的確に伝えているとするならば、浄飯王の葬儀は現在と基本的にはさほど変わらないことになります。

また、お釈迦さまは死者の家を訪れ、親族に説法したといわれています（『法句譬喩経《ほっくひゆきょう》』）。

これは亡くなった方を仏の世界へ導く引導《いんどう》のルーツといえます。

単純に考えれば、現在の通夜、葬儀はお釈迦さまの通夜、葬儀を模しているといえます。

第9章

臨済宗のお葬式と結婚式

お葬式の話

死後、みなさんはお坊さんになってもらいます

やれやれ、すっかり、しめっぽくなりましたねえ。気をとりなおして、次は臨済宗のお葬式の話です。

「また！　お葬式の話」

いやあ、ぼくもまいったなあ。実は編集者の黒神さんの意見なんですよ。

「臨済宗を知るためにお葬式の話も入れましょうよ」

と編集会議で力説していました。ぼくと黒神さんのつき合いはかれこれ二十年にもなります。断れません。お許しください。「年に一度の礼服点検促進イラスト」を見て気分を持ち直してください。

さて、ところで、最近、お葬式に行ったことがありますか。行ったことがない人は何年か前のことを思い出してください。そこでクエスチョンです。

（その１）何宗のお葬式でした？

ま、自分のお寺の和尚さんに来てもらったのならある程度はわかりますね。しかし、中には菩提寺が何宗かわからない人もいるかもしれません。したがって、多くの場合、葬儀社の、

「それでは○○宗の諸式にのっとり葬儀、並びに告別式を開式させていただきます」

の○○宗を聞き逃してしまうと、何宗かわからなくなってしまいます。確かに葬儀中にどのような宗派なのかを探るヒントはあることはあります。

「南無阿弥陀仏と唱えたよ」

はい、浄土系の宗派ですが、浄土宗なのか浄土真宗なのか、時宗なのか融通念仏宗なのかはわかりません。

「南無妙法蓮華経だ」

日蓮系の宗派ですが、日蓮宗なのか法華宗なのかはわかりません。

「南無阿弥陀仏」と「南無妙法蓮華経」を唱えなければ天台宗か真言宗、禅宗系ですが、この三宗派を区別することは一般の方には困難です。当然、禅宗系には何回もいうように臨済宗・曹洞宗・黄檗宗があります。

結局、葬儀社の案内を聞き逃さないようにするしかありません。逆にいえば、会葬者にとって、宗派はあまり関係なさそうですね。

それでは第2問です。

（その2）どんなことをしたのかわかりますか？

「成仏させたんじゃあないの」

「極楽へ往《い》ったとか」

確かにそうなのですが、どのような手順なのかわかりますか？

一般会葬者にはどのような儀式が何のためになされているのか不明のままだと思います。

さて、そこでその秘密を公開しましょう。専門的なことを除き、各宗派共通のポイントをズバリいいましょう。

「頭を剃って出家する」

「教えを守り、戒名をいただく」

「仏さまの国へ往く」

この三ポイントにつきます。

「え〜っ、頭を丸めるの?」

そうです。頭を剃るお経を読みますし、実際に剃刀《かみそり》が置いてあったり、頭部に剃刀を当てる場合もあります。そして、各宗派の教えを守ることを誓い、その証明として戒名が授与されます。戒名にはその宗派の教えと故人の人柄が入っています。残された者へのメッセージです。

そして、それぞれの宗派の理想としている世界へ往きます。そんなことが葬儀の中で行われているのです。ただし、浄土真宗は「頭を剃って出家する」ことはなく直接、極楽浄土へ往きます。

みなさんを悟りの世界へ導きます

では、臨済宗のお葬式は具体的には何をやっているのでしょうか。整理してみましょう。

臨済宗の葬儀は『小叢林清規《しょうそうりんしんぎ》』(一六八四年成立・無着道忠《むちゃくどうちゅう》著)を基本としています。現在の在家用の葬儀儀式はわかりやすくいえば僧侶用を転用したものです。他宗派にもいえることで

すが、現在の葬儀は江戸時代に整えられたものです。その骨格は、

「出家する（剃髪する）」

「仏弟子となり戒名が授与される」

「引導により悟りに導く」

となります。

つまり、僧侶となってあの世に往くのです。

「知らなかった。お坊さんになるの?」

と驚く人ばかりでしょう。いい忘れましたが、女性の場合は尼僧です。

正確にいえば、授戒をして僧侶となり、あの世に往くのです。

歴史的にいえば、在家用の葬儀儀式はそもそもなかったのです。葬儀といえば僧侶用だったのです。僧侶は生前に授戒をして出家をしていました。この授戒と僧侶用の葬儀はペアだったのです。現在の葬儀はこの授戒と僧侶用の葬儀を同時に行っているのです。

授戒とは師匠となる僧侶から戒を授けていただき、仏弟子となる儀式です。「戒」とは仏を信じ、正しい生活を送ろうとする時の「きまり」のことです。授けられる戒はお釈迦さまが定めて、今日まで伝えられた戒です。わかりやすくいえば「お釈迦さまとのお約束」のことです。

授ける戒は宗派によって違いますが、臨済宗の場合は三帰戒《さんきかい》と五戒《ごかい》が基本です。

（三帰戒＝三宝《さんぼう》への帰依《きえ》）

仏《ほとけ》（お釈迦さま）に帰依する。
法《ほう》（お釈迦さまの教え）に帰依する。
僧《そう》（教えに集う仲間）に帰依する。

（五戒）

一、不殺生戒《ふせっしょうかい》＝みだりに〝いのち〟を殺さない。
二、不偸盗戒《ふちゅうとうかい》＝我欲による、盗みをしない。
三、不邪淫戒《ふじゃいんかい》＝みだらな行いはしない。
四、不妄語戒《ふもうごかい》＝人を惑わす言葉を使わない。
五、不飲酒戒《ふおんじゅかい》＝心身を乱す酒は飲まない。

こうして、戒を守ることを誓い仏弟子となった証として授けられるのが戒名です。仏弟子の名前です。戒名といえば死者に与えられる名前だとほとんどの人が思っているかもしれませんが、そうではありません。そして、

お釈迦さま→達磨大師（中国禅宗の祖）→臨済禅師（臨済宗の名前の由来となった高僧）→

各本山開山（臨済宗妙心寺派の場合は無相《むそう》大師）→白隠禅師（臨済宗中興の祖）…と伝わる法脈の中に連なったことを明らかにするのが授戒です。

「かーつ」と叫ぶのが臨済宗です

そして、葬儀のメインは引導香語《いんどうこうご》です。故人を悟りの世界に導きます。漢詩ですが、実際は漢文の書き下しのような和漢混淆《こんこう》文で読まれます。主として、「故人の生き方、人となりや信条」「禅の教え」「悟りの境地」の三つのパーツから組み立てられています。

最後に「かーつ」と叫ぶことに特徴があります。漢字で喝と書きますが、ここに禅宗の秘密が隠されています。禅宗の教えの核心は文字や言葉では伝わりません。心から心へと伝えてきました。教外別伝《きょうげべつでん》、不立文字《ふりゅうもんじ》、以心伝心《いしんでんしん》といいましたね。思い出してください。

このことを伝える方法の一つが「かーつ」と大声で叫ぶことです。

喝のはじまりは唐の時代の禅宗だといわれています。当時の禅僧たちは、文字や言葉にとらわれることなく、弟子たちに仏法を伝えるために、あれこれ説明せずに「喝」の一声を用いました。

特に有名な臨済宗の宗派の名前の由来となった臨済（八六七年没）の喝です。臨済の喝は有名で次の四種類があるといわれています。

（1）迷いを断ち切る一喝。
（2）回りを圧倒し、寄せつけない一喝。
（3）本物か偽物かを見極める一喝。
（4）悟りの境地を表現する一喝。

これらを臨済の四喝《しかつ》といいます。引導香語の最後の喝にはこの四喝が入っているのです。

「悟ったか！」

といった投げかけですね。ぼくも葬儀のときには必ず「かーつ」を叫ぶのですが、突然の大声に、

「びっくりした。目が覚めた」

と寝ている人を起こしてしまうことが多々ありました。寝ている人の目をひらかせるのではなく、心の目をひらかせる喝でなくではいけません。

ただし、臨済宗のお葬式で喝がない引導香語もあります。

結局、葬儀社の案内を聞き逃してはいけないことになります。

また、臨済宗の葬儀中に「チン・ボン・ジャラン」と三つの楽器が鳴ります。これはお釈迦さまの葬儀を行ったマッラ族が悲しみの気持を表現するために、町中の楽器を持ち寄って打ち鳴らしたことによるといわれています。

そこで、もう一つクエスチョンです。

(その3) 葬儀で気になることは何ですか。

「どれくらい集まったのかなあ」

「当然、花よ。蘭が一杯だときれいで豪華ね」

「祭壇の豪華さ」

「葬具費用、お布施はいくらかなあ」

といった声があちこちから聞こえてきます。

やはり、葬儀が何宗で行われているのか問題にする人は少ないのでしょうね。

必要以上に宗派のことはこだわらなくてもいいですから、故人のために心から合掌してあげてください。

戒名の意味

ここで、戒名について補足しておきましょう。戒名とは仏の弟子としての名前で、宗派によっては法名《ほうみょう》(浄土真宗)、法号《ほうごう》(日蓮宗)ともいいます。ほんの少し前にお話しましたが、お釈迦さまの弟子になるために「戒」(ルール)を守ることを誓った者に対して与えられる名前でしたね。

現在、戒名には大別すると次の三種類があります。

生前の授与　①出家して僧侶になる。

②授戒会《じゅかいえ》（在家用の仏道修行）などによる授与。

死後の授与　③通夜・葬儀、追善供養などによる授与。

一般的に「戒名」とよばれているのは菩提寺の和尚さんに故人の成仏のためにつけてもらう③のことです。

戒名は宗派によって形式や文字数などに相違がありますが、臨済宗で一番多く見かける戒名は次のものです。

男性＝○○○○信士《しんじ》
女性＝○○○○信女《しんにょ》

別の戒名もあります。

男性＝○○○○上座《じょうざ》
女性＝○○○○上姉《じょうし》
男性＝○○○○居士《こじ》
女性＝○○○○大姉《だいし》

さらに、お寺の総代さんや、社会などへの貢献度が高い人は院号《いんごう》です。

男性＝〇〇院〇〇〇〇居士

女性＝〇〇院〇〇〇〇大姉

他には「〇〇院」ではなく、「〇〇軒《けん》」（軒号《けんごう》）や「〇〇庵《あん》」（庵号《あんごう》）などもあります。

浄土真宗では教義上、受戒がありませんので、戒名という名称は用いず、法名とよんでいます。

基本的な構造は次の通りです。

《院号のある戒名》

男性＝〇〇院釈〇〇

女性＝〇〇院釈尼〇〇

《院号のない戒名》

男性＝釈〇〇

女性＝釈尼〇〇

法名二文字の上に男性は「釈」、女性は「釈尼」があるのが特徴です。釈は釈尊の釈で、みな等しくお釈迦さまの弟子であるという意味があります。

また、日蓮系の宗派では法号といいますが、基本的には男性の場合は宗祖である日蓮の「日」、女性は『妙法蓮華経』の「妙」を戒名の一文字として用いています。代表例は次のようになります。

《院号のある戒名》

男性＝○○院○○日○居士
女性＝○○院妙○○○大姉
男性＝○○院○○日○信士
女性＝○○院妙○○○信女

《院号のない戒名》

男性＝○○日○信士
女性＝妙○○○信女

さて、戒名は単に漢字が羅列された死後の名前ではありません。その中には「故人の面影」と「仏さまの教え」が入っています。「故人の面影」とは人柄や人格、功績、人生模様、趣味や嗜好、さらには亡くなった季節などです。

「仏さまの教え」とは「各宗派の教え」「本山の教え」、さらには「菩提寺との関係」などです。つまり、故人は戒名によって、菩提寺と結ばれ、各本山と結ばれ、教えを開いた宗祖と結ばれ、そして、お釈迦さまとつながっているのです。故人と教え、遺族は戒名によって三位一体《さんみいったい》の関係にあり、戒名は残された者の生きるための指針となるメッセージにもなっています。

戒名は菩提寺の住職につけてもらいましょう。

「ちなみに、お布施は?」

そうですね、一番、気になりますね。葬儀に関するお布施は寺院ごとに違います。住職に相談してください。

涅槃図の声を聞きましょう

さて、お葬式の最後はお釈迦さまの命日、涅槃会《ねはんえ》に関しての話です。

毎年、二月十五日は涅槃会です。各寺院ではお釈迦さまが亡くなられたことを偲んで法要を営みます。この日、本堂には涅槃図が飾られます。絵を見て、声を聞いてみましょう。

「絵は聞くものではなく、見るものでしょう」

と首を傾げるかもしれませんが、聞こえてきますよ。

お釈迦さまを中心として、弟子たちが大声をあげて泣いています。動物たちも泣き、木々も悲しんでいます。そこには焼香の順番などなく、ただただ、悲しいだけです。

ところが、お釈迦さまの顔は死者の顔ではありません。伝えることはすべて伝えた満足の顔です。静寂な姿の全身からはパワーが発せられています。

また、天上界で心配しているお母様のマーヤー夫人も描かれています。「病気が治りますように」と送った風呂敷包みのようなものの中に入った薬は間に合わず、木に引っ掛かったままです。

そして、マーヤー夫人が天上界から投げた薬が「投薬」の語源だといわれています。ただし、最近は「患者さんに薬を投げてはいけない」と与薬ともいう言葉も使用されています。語源がお釈迦さまの涅槃にあると確定されていなかったためでしょうね。残念。

もう一つ、こちらはかわいい話です。


森の中を猛烈な勢いで走っていく牛にネズミが尋ねました。

「牛さん。慌《あわ》ててどうしたの？」

「お釈迦さまが亡くなったのさ！」

「それは大変！　ぼくも連れていってよ」

ネズミは牛に便乗して走っていきました。しかし、一番に到着したのは牛の頭からヒョイと飛びおりたネズミ。動物たちが駆けつけた順番は子《ね》、丑《うし》、寅《とら》、卯《う》…となり、ここから十二支が生まれたといわれています。

涅槃図は画家によって、描かれている人物や構図に差がありますが、多くの涅槃図には猫が描かれていません。

数行前に十二支の伝説を話しましたね。お釈迦さまの亡くなったのを一番に知った牛でした。その牛と最初に出会ったのがネズミ。ネズミといえば猫は天敵です。このため、「牛さん、猫さんには知らせなくてもいいよ」

と頼んだといわれています。このため、猫はお釈迦さまの所へ行くのが遅れ、怒られたということです。このため、描かれなかったといわれています。この「ねずみにだまされた」とする説の他に、

「お釈迦さまに届ける薬を運ぶ猫が食べてしまった」

「猫はインドでは魔物」

などがあります。

しかし、猫が書いてある涅槃図もあります。

有名なのは東福寺《とうふくじ》（臨済宗東福寺派本山・京都）にある涅槃図です。これには別の理由があります。制作したのは室町時代初期の画僧・明兆《みんちょう》だと伝えられています。明兆が涅槃図を描いて

いるとき、裏山の谷から一匹の猫が現れ、さまざまな絵の具をくわえて運び、明兆を助けたということです。喜んだ明兆はその猫を描き加えたのです。「猫入り涅槃図」とよばれます。

涅槃図、ぜひ、見に行ってさまざまな声に耳を傾けてください。涅槃図は死を描いた最高傑作です。

仏前結婚式はいかがですか

さて、いよいよ最終章となりました。ここでは結婚式のお話です。

「ええっ、お寺で結婚式ってやるの?」

はい、仏前結婚式です。

ぼくも数年前にお寺で結婚式をしました。すると、祝辞をお願いしたある寺院にすかさずコメントされてしまいました。

「村越君。本当は教会で挙式したかったんじゃあないの? 隠れてハワイで」

「いえ、そんなことはありません」

と一応、否定しておきました。ウェディングベルにチャペル、バージンロード、

「アナタハ、ソノ健《すこ》ヤカナル時モ、病《や》メル時モ、喜ビノ時モ、悲シミノ時モ、富メル時モ、貧シイ時モ、コレヲ愛シ、コレヲ敬《うやま》イ、コレヲ慰《なぐさ》メ、コレヲ助ケ、ソノ命アル限リ、真心ヲ尽クスコトヲ誓イマースカ?」

という牧師のせりふ、指輪の交換、聖歌隊の美声、ライスシャワー、フラワーシャワー、なん

てことは考えたことも想像したこともありません。

さて、江戸時代、幕府には葬儀は寺院、お祝い事などの祭り事は神社という政策がありました。このため、現在でもお葬式は仏式、結婚式は神式というイメージがありますね。これにキリスト教の教会が参入していますが、仏式の結婚式もあるのです。しかも、すごく厳粛です。

実は知り合いの寺院の結婚式の司会をしたことがありますので、その時の様子をどうぞ。

戒を授ける結婚式

結婚式の朝、お寺の境内に入ると喜多郎《きたろう》のシルクロードの音楽が流れています。

タラララ、ラーラ、ラーラララ、ラララー、ラララー…。

別の音楽でもいいんですけど、定番になっています。そして、両家が集まり、親族紹介となります。目の前にお茶が運ばれます。そして、司会者が次のようなセリフをいいます。

「私たち禅宗におきましては、さまざまな行事のはじまりにまず、お茶をいただきます。これを茶礼《されい》といいます。一つの釜でわかした湯で同じ急須で入れたお茶をいただくことで、和合をはかります。両家の益々の和合を祈念いたしまして茶礼をさせていただきます」

そして、一通りの紹介が終わります。本堂の荘厳はこれといって特別なものはありませんが、ロウソクは紅白です。金銀のものもあります。

カーン、カーン、カーン、カーン、カーン。

開式五分前に支度五声《したくごせい》が鳴ります。鐘の音です。定刻になると、法鼓《ほっく》が鳴りだします。

ドン、ドドン、ドンドンドン、ガラガラガラガラガラ、カカッ、カッカカッカッカッ…。

「ガラガラガラ」「カカッ」という音は太鼓の淵の部分の音です。

司会「それでは只今より、御媒酌人○○○○ 御夫妻様に伴われまして、ご縁あって結ばれ、本日の良き日を迎えられた新郎新婦のご入堂でございます」

僧侶が仲人夫婦と新郎新婦を本堂に案内します。

司会「続きまして、本日のお式にあたり、お釈迦さまに成り代わり仏戒を授け、お式を司《つかさど》ってくださる戒師さまのご入堂でございます。皆様、合掌にてお迎えください」

戒師というのはお葬式でいう導師ですね。教会の結婚式でいう神父の役を務めるのが戒師です。入堂の際は僧侶が先導します。

戒師とは授戒会《じゅかいえ》の時に戒を授ける僧侶のことです。実は結婚式においても戒を授ける儀式があり、その意味で結婚式は授戒会の一つということもできます。新郎は得度《とくど》式といって出家するときにすでに戒を受けていますから、実際は新婦の授戒会といえます。戒師は近隣寺院の老僧が行う場合もありますが、修行道場の老師にお願いすることもあります。

指輪の交換もあります

一同が着席すると献灯献花《けんとうけんか》になります。だいたい総代さんのお孫さんの役目ですね。

司会「天童○○○○君。天女○○○○さんによりまして、ご本尊さまの真前《しんぜん》に御仏《みほとけ》の慈悲をあらわしますお華《はな》、智慧をあらわす灯《ともしび》をお供え戴きます。華は仏さまの変わらぬやさしい心、灯は一生の道を照らし続ける仏さまの教えを意味しております」

前の日に練習はするのですが、子供とはいえ、やはり緊張しています。

司会「次に戒師さまによりまして、ご本尊さまに浄らかなお香が焚かれ、ご仏前における最高の礼拝《らいはい》、五体投地《ごたいとうち》がなされます。引き続き、三蔵法師さまがシルクロードを歩き、伝えた心のお経『般若心経』をお唱えし、ご本尊さま、併せて○○家、○○家ご両家のご先祖さまへのご回向を致します」

ここで、十数人の僧侶による『般若心経』の読経となります。これだけの人数でお教を読むことはなかなかありませんので、ここは見せ場の一つですね。

仏事ではありませんので、若干、おめでたく聞こえるように声色《こわいろ》を微調整します。さて、読経が終わりました。

司会「これより戒師さまが、本日の結婚の儀を執《と》り行う事を宣言され、あわせてお二人の将来に幸あらんことを祈願されます」

戒師啓白文《けいびゃくもん(ぶん)》といって、結婚宣言です。

司会「戒師さまより新郎新婦に三帰戒《さんきかい》と三聚浄戒《さんじゅじょうかい》を授与し、御両人に誓いを求めます。三帰戒とは仏《ぶつ》、法《ぼう》、僧《そう》の三宝帰依、三聚浄戒とは夫婦として末永く結び、助けあう人生の誓いです」

三帰戒はお葬式の話でも登場しましたね。

仏（お釈迦さま）に帰依する。

法（お釈迦さまの教え）に帰依する。

僧（教えに集う仲間）に帰依する。

聚浄戒とは数文字で解説すれば次の三つの戒のことです。

一、摂律儀戒《しょうりつぎかい》＝悪いことをしない。

二、摂善法戒《しょうぜんほうかい》＝良いことをする。

三、摂衆生戒《しょうしゅじょうかい》＝みんな仲良くする。

これら三つの戒は菩薩の道を歩んでいく上での道しるべです。僧侶は出家する時にいろいろな

戒を授けられていますが、夫婦として戒を戒師から授けられるのです。ま、「夫婦仲良くしてね。社会ともうまくやってよ」といった励ましですね。

司会「お二人に聚浄戒が授与された証として、ご仏前より寿珠《じゅず》が運ばれ、戒師さまより授けられます。寿珠の珠は心の丸み、その輪は人のつながりの和を意味しております。お二人が末永く、仏弟子として苦楽を共にすることを誓い、寿珠を交換いたします」

ここが仏式らしい所ですね。指輪の交換ではなく寿珠の交換です。結婚式ですので数珠のことを〝寿珠〟と表記します。しかも、戒師は新郎に新婦の寿珠を渡し、新婦には新郎の寿珠を渡し、新郎と新婦が寿珠を交換するという儀式がなされます。

司会「続きまして指輪の交換が行われます」

やっぱりあるんですね。指輪の交換は。ただし、オプションです。

「バテレンか！」

といって、寿珠の交換のみにする寺院もあります。しかし、披露宴で新婦はウェディングドレスを着ているんですけどね。

司会「無事にお寿珠の交換もすみました。次にお二人により、ご本尊さま、ご両家のご先祖さまへ香《こう》を手向《たむ》け、誓いの言葉を奉授し、結婚の成立をご報告いたします」

誓いの言葉とは「みなさまのおかげで結婚することができました。ありがとうございます」といった内容のことです。

司会「これより新郎新婦がお釈迦さまのみ教えを守りつつ、永遠に変わらぬ慈悲と智慧に生きる事を誓い、三三九度の寿盃《じゅはい》をかわします」

「えっ、三三九度？」

と思うでしょ。あるんです。

司会「それではご縁あって本日のこのよき日に結ばれたお二人には幸多《さち》いこと、〇〇・〇〇ご両家には親戚のご縁が益々、深まること、○○山○○寺様には寺門《じもん》のご繁栄、そして、仏法の興隆を祈念いたしまして乾杯いたします」

三三九度（寿盃の儀）がありますし、両家寿盃の儀もあります。酒には「栄え」の意味と邪気を「避け」る意味がありますが、これは神式ですね。

朝の茶礼に和合の意味があるといいました。いわゆる「同じ釜の飯を食う」という言葉があるように、これら盃には新郎新婦だけでなく両家が同じ身内になることによってその繁栄を祈る意味がこめられています。

また、献灯献花、寿珠の交換、指輪の交換、三三九度（寿盃の儀）、両家寿盃の儀の間は音楽を流して演出します。邦楽が似合いますが、洋曲の中にも雰囲気のある曲がたくさんあります。選曲は自由です。そして

司会「戒師さまより新郎新婦にお祝いの言葉をかねてお諭《さと》しのお言葉を頂戴いたします」

司会「今日、この時があることの感謝と、お二人の幸せを祈り、報恩の黙想を捧げていただきます」

と進みます。報恩の黙想は坐禅です。教会の結婚式に祝祷《しゅくじゅ》といって牧師が神に祈りを捧げ、一同が黙祷する場面がありますね。何となく似ていますね。最後に『四弘誓願文《しぐせいがんもん》』を読んで、戒師、

新郎新婦、仲人夫妻の退堂となります。

再び、流れるシルクロードの音楽。

タララーラ、ラーラ、ラーラララ、ラララー、ララーラー…。

そして、ナレーション。

司会「人はそれぞれに、はかり知れないほどの尊いご縁をいただき、生かされています。さまざまな人との出会い、巡り合い、ふれあいの中で、今日のこのかけがえのないご縁をいただいたことに、すべての方々への深いご恩を感じざるをえません。本日のよき日を迎えられたお二人にはお祝いの言葉を、そして、結婚式に集っていただきましたみなさまには心より、御礼を申し上げます」

式は終了し、写真撮影後、披露宴となります。

仏前結婚式は仏さまに結婚を誓う儀式です。

菩提寺の本堂で行うことが一般的ですが、本尊を安置することが可能であれば、結婚式場や家庭でも挙式はできます。具体的な式順は宗派によって違いがあります。

僧侶の結婚式の場合は関連寺院がさまざまな役をしますので、それなりの人数になりますが、一般の方は菩提寺の住職一人でもできます。

結婚式といえば65%くらいがキリスト教式、神前式、人前式が共に15%くらいです。ほんの数%が仏式ですが、結婚式はお寺でもできることを選択肢の中に入れてください。

タラララ、ララ、ラーラララ、ラララー、ララーラー…。ま、結婚してもしなくても、人生は旅ですね。自分を探す長い長い旅なのです。その中の一つの出会いが結婚です。

結婚式はゴールではなくスタートなのです。

あとがき2つ

（その1）

いやあ、すっかり長くなっちゃいましたね。いつのまにか、お別れの時がきました。

さて、この先の「ちょっと長いプロフィール」にも書いておきましたが、ぼくには多少の著作があります。今回、お話した僧堂のエピソードは次の本の中にも収録されています。

『ぼくの僧堂物語』（鈴木出版）

「エピソード1・かまに習え」

「エピソード2・世界で一番の大ご馳走」

「エピソード3・梅の実の往生」

「エピソード4・リバテープの少女」

『禅寺台所日記』（鈴木出版）

「エピソード6・今すぐやるんじゃ」

『仏教小百科』（鈴木出版／村越英裕・藤堂憶斗共著）も参考にしました。実は「出典を明らかにしておいてね」と鈴木出版からメールがあったのです。

『ぼくの僧堂物語』『イラストでよむ禅のほん』は絶版になってしまいましたし、『禅寺台所日記』も残部わずかですから、ま、いいでしょ。

とはいっても、これら5つのエピソードは僧堂を語るのにはずせないため、再度、お話しした次第です。しかし、年数がたっても、

「そうだったのか、奥が深いぞ」

と、新たな発見が多々あります。改めて宗忠老師と宋淵老師に感謝するばかりです。

今度、香りのいい線香を持ってお墓参りにいきますね。でも、いきなり、

「まだまだ、修行が足らん！」

という二人の老師の喝が聞こえてきそうだなあ。

ま、この点はできの悪い弟子を持ったと思ってあきらめてください。


(その2)


禅宗とはどのような姿をしているのか。この疑問について自分なりにお話してみました。

お釈迦さまとの関係、インドから中国、日本への伝来、臨済宗の修行道場のこと、そして、応用編として現代ザゼン道場、さらに、お葬式、結婚式などについて、概略をまとめてみました。

結局、一ついえるのは禅宗にはこれといった姿形はないのです。禅宗の禅とは心の別名ですから、変幻自在、臨機応変なのが禅宗です。『般若心経』の空の世界と同じです。

おっと、最後におうち坐禅の公案の解答発表が残っていましたね。宗忠老師が日曜坐禅会で一般参加者に出題した公案です。

「坐禅をすれば仏に会える。どんな姿をしているか」

宗忠老師の答えをそのまま伝えます。

「観音さまのような仏の姿は見えないよ。見えたらおかしいよ。今、ここには自分しかいないからね。つまり、自分自身が仏さまということだよ」

「坐禅をすれば自分自身の中にいる仏さまと出会うことができるよ」

これが禅宗です。

人は自分自身の中にいる仏さまに気づき、出会うために生きているのです。

「人生は己の中にいる仏さまとめぐり会うための旅」

「人はみな己の中に仏さまを探す旅人」

と、最後、ちょっと格好つけて、お話を終了しましょう。

村越 英裕（むらこし・えいゆう）

ちょっと長いプロフィール
・1957年静岡県沼津市生まれ。
臨済宗中興の祖、白隠の生まれた原町近く。
・二松学舎大学院修士課程を修了。
博士課程でないため博士ではない。
・静岡県三島市の龍沢僧堂（白隠開山）に入門。
鈴木宗忠老師（故人）に師事、同時期、中川宋淵老師（故人）にも指導を受けたが、修行の途中で帰山。
・現在は臨済宗妙心寺派・龍雲寺住職、同派布教師。
ごく普通の僧侶生活を営む。妻1名。
・著書少々。
『ぼくの僧堂物語』『禅寺台所日記』『イラストでよむ禅のほん』（ともに鈴木出版）。ちなみに『ぼくの僧堂物語』『イラストでよむ禅のほん』は売り切れの後、絶版。ネット上では割引価格で入手可能。
『仏教小百科』（鈴木出版／村越英裕・藤堂憶斗共著）
『イラストでわかる「あの世」の物語』（大法輪閣）
・イラストレーター、シナリオライター。
・ＡＵプロダクション（仏教の教えを「楽しく・面白く・わかりやすく」伝える会）代表。ＡＵは「えいゆう」と読む。

よむ・みる・すわる
はじめての禅宗入門

平成19年9月10日　初版発行©

著　者　村越英裕
発行人　石原大道
印刷・製本　株式会社　光明社
発行所　有限会社　大法輪閣
東京都渋谷区東2－5－36　大泉ビル2F
TEL　(03) 5466-1401(代表)
振替　00130-8-19番

ISBN978-4-8046-1257-7　C0015　Printed in Japan